やさしくわかる！ すぐに使える！

介護施設長&リーダーの教科書

糠谷和弘
経営コンサルタント

PHP

まえがき

　施設長なんかになりたくない。
　役職者にさせられたら辞めよう。

　だってそうじゃないか。リーダーなどの役職者になったら、現場ではまったく関わったことがないような仕事が降り掛かってくる。
　施設長になったら、もっと大変。採用面接、職員教育、稼働率アップのような経営的なことのほかに、地域や業界団体の会合への出席など面倒な仕事も加わり、さらに大きなクレームが起きたときの対応まで任される。

　割に合わない。

　だいたい、現場介護士としてずっと働いてきたのに、いきなり役職者だ、施設長だと言われたって、務まるわけがないじゃないか。

　役職者になるより現場のほうが、ずっとずっと気楽だ。

　これが、介護現場で働く多くの方の本音ではないかと思います。
　介護保険制度が始まった2000年当初、異業種からこの業界に入ったばかりの私は、「役職なんて就きたくない」と言われたときに、さっぱり意味がわかりませんでした。

「なんで？　給料が上がるのに？」

「どうして？　出世しなければ、後輩の部下になるんだよ。それでもいい？」

　こんな疑問を、出世を拒む彼ら、彼女らに投げかけてきました。本当に不思議に感じたからです。
　しかし、それから20年近く経った今はその気持ちがよくわかります。役職者に任命されると急に、経験がなく、方法もわからず、やれる自信もない仕事を任されるようになります。それに、いざ取り組もうとすると、日中は現場のあちらこちらから呼ばれて翻弄され、やっと集中できると思ったら退勤時間をとっくに過ぎている。
　やがて残業が常態化し、休みの日でも現場が気になって仕方がなくなり、家族からは「仕事のほうが大切なの？」と責められる日々……。
　これでは、部下、後輩のスタッフたちが「出世したくない」と言うのも納得できます。私だって、そんな上司を見ていたら、同じ気持ちになるかもしれません。

　しかし私は、これらの不安や不満の多くは、施設長、役職者として現場を率いる方法論を身につければ、解消できるものだと思っています。現場で仕事をしているだけでは、そんな技術は身につきません。知らないからできない、それは当たり前なのです。

　私のサラリーマン時代の後輩に、高校サッカーで全国大会に出場し、Jリーグからも声がかかった人物がいます。背がすらっと高く、30代後半になってもスリムな体型を維持し、社内のフットサルイベントでは軽やかなドリブルで若い後輩たちを抜いていきます。誰にも止められません。足が速く、スポーツ万能といった感じです。

ところが、別のイベントでソフトボール大会に参加したときのことです。彼はまったく打つことができず、すべて空振り。ピッチャーはずぶの素人(しろうと)で、女性でもヒットを飛ばしているのに、ボールにバットがかすりもしません。中盤までは、とても不甲斐(ふがい)ない結果でした。

　しかし、3回目にバッターボックスに入ったときに、気づいたことがありました。彼の打ち方は、どこか違和感がある。何かが違う。よく見ると、バットの握りが、右手と左手が逆になっていたのです。これでは打てるはずがありません。

　聞けば、「サッカーばっかりやっていたから、バットなど握ったことがない」とのこと。教えてもらう機会がなかったのです。

　投球の合間に、手の位置を逆さにするよう伝えたら、直後にレフト前ヒット。たったこれだけのことで、ボールをかすりもしなかった彼がヒットを打てるようになったのです。

　仕事もスポーツと同じです。やり方を知らなければ、できないこともあります。しかし、ちょっとポイントを知るだけで大きく変わります。「なんだ、こんなことか」と感じられることもあるかもしれません。知らないこと、できないことを学ぶ機会が必要なのです。

　では、役職に就いたときに、誰かが手取り足取り役職者の仕事について教えてくれるかというと、そんなことはありません。お手本になるような人が近くにいないのが介護の現場です。

　急に会議を主催したり、現場のオペレーションを考えなければならなくなっても、あなたに寄り添って、指導してくれる人なんていない。「見よう見まね」と言うけれど、その「見まね」するモデルすらいないのが現実です。

施設長ほどの重責を担わされるときも、よくて前任者が引き継ぎをしっかりやってくれるくらいです。ただ、それは前任者流のやり方を伝えているだけ。そもそも、その方法が合っているか、正しいかすら怪しいところです。こうして、どんどん負担が大きくなってしまいます。

「こうした状況をなんとか変えたい。そのためには、異業種では当たり前のマネジメントの方法論を、介護の現場でも実践できるようにアレンジすることが必要なのではないか」
　私はずっとそう思ってきました。しかし、介護コンサルタントとして活動を始めた当初は、どうアレンジすればいいかさっぱりわかりません。そこで、私が身につけたマネジメントやマーケティングの知識と、介護現場との接点を見つけるために、毎日のように現場に足を運び、1日中、施設長や役職者の後ろを追いかけてまわりました。
　それと並行して、「成功事例」と呼ばれる施設には、何度も電話してアポイントをとり、休日返上で訪問して、経営者や施設長から話を聞きました。うまくいっている施設と、そうでない施設の違いがどこにあるのか、必死に探そうとしたのです。

　そうするうちに、少しずつ介護現場における「施設長術」「リーダー術」が体系化でき、コンサルタントとしても成果を上げられるようになりました。「稼働率が上がった」「残業せずに帰れるようになった」「現場スタッフとの関係が良くなった」といった嬉しい声も聞かれるようになっていきました。

　そこで私は6年前に、「介護サービス経営カレッジ　ベーシックコース（現在のスクーリングコース）」を立ち上げました。これは「施設長養成

講座」という位置づけで、年間6回の講座に参加すると、施設長が身につけるべきスキルを習得できます。これまでに、たくさんの卒業生を輩出してきました。

　本書では、そのうちの大切な部分を抜粋し、できるだけわかりやすく伝えることに取り組みました。これだけのことを身につけたら、たいていのことには対応できます。

『「介護施設長＆リーダー」の教科書』と、タイトルに"介護"という言葉が入っているにもかかわらず、介護の方法などはどこにも書いていません。ましてや、感動ストーリーなど1つも出てきません。エモーショナルな内容、表現をできるだけ避け、明日から実践できる具体的な方法を伝えることに専念しました。

　施設長のみなさんには、ぜひ本書を読んでいただいて、心の負担を軽くしてほしい。また、リーダークラスの方にも読んでいただいて、施設長になる準備をしておいてほしいと思います。あなたが「施設長術」「リーダー術」を身につけて、イキイキとしていれば、その姿を見て「出世したい」「施設長を目指したい」「リーダーになりたい」という後輩がたくさん出てくるかもしれません。そんな声が介護業界全体に広まったら、著者としてこれほど嬉しいことはありません。
　どうか最後までお付き合いください。

2018年8月

糠谷和弘

「介護施設長&リーダー」の教科書　目次

まえがき … 001

第1章 あなたの「施設長像」は間違いだらけ！

01 施設長は"現場"にいてはならない … 012
02 毎日、職場に出勤してはダメ … 014
03 「朝令暮改（ちょうれいぼかい）」は褒め言葉 … 017
04 「背中で教える施設長」などいらない … 020
05 ユニフォームは今すぐに脱ぎなさい … 023
06 「できない施設長」が"スゴ腕"になる理由 … 025
07 お客様の声を聞いてはならない … 028
08 「スタッフの意見」を聞くのはやめなさい … 031
09 節約は"非効率"のもと … 033
10 施設長はクラウンに乗りなさい … 035

第2章 まずは"武器"を身につける

01 「手帳」を変えよう！ … 040
02 「ブラインドタッチ」をマスターしよう！ … 043
03 「メール」のマナーを守ろう！ … 046

- 04 会社用スマホを持とう！ … 049
- 05 施設長のカバンの中身 … 054
- 06 「名刺」を工夫しよう！ … 057
- 07 「スタッフメモ」をつくろう！ … 060
- 08 「就業規則」を熟読しよう！ … 064
- 09 「施設長手当」の賢い使い方 … 067
- 10 「単位」を暗記しよう！ … 070

第3章 スタッフを"笑顔"にするマネジメント術

- 01 "やり方"より"あり方" … 074
- 02 朝一番の"挨拶力"でコミュニケーションを！ … 076
- 03 「失敗談」を積極的に語る … 078
- 04 「2つのスイッチ」を正しく使う … 080
- 05 「プラス言葉」を充満させる習慣と仕掛け … 083
- 06 「一物を決める」チーム統率法 … 085
- 07 目標は小さく、成功体験は大きく … 088
- 08 目標は"理念"を添えて … 090
- 09 大きな変化を起こすときの説得法 … 093
- 10 "やる気"にフォーカスしない … 096
- 11 スタッフの「辞めたい」に寄り添う … 098

第4章 あなたの力が試される 業績・稼働率アップ術

- 01 行列ができる人気介護施設の共通点 … 102
- 02 「武器」を決めて磨き込む … 104
- 03 導入と定着の3ステップ … 107
- 04 確実に「結果にコミット」する … 110
- 05 ケアマネを「応援団」にして集客する … 112
- 06 これだけはほしい！最強の販促ツール … 115
- 07 通販化粧品に学ぶ"お試し商法" … 120
- 08 稼働率を上げる奥の手！リニューアルオープン法 … 125

第5章 忙しい現場を"楽"にする「引き算の運営」

- 01 現場に"引き算"が必要な理由 … 130
- 02 これだけやればガラリと変わる！簡単教育ツール … 134
- 03 マニュアルで新人を"倍速"で育成する … 140
- 04 なぜ情報共有がうまくできないのか？ … 144
- 05 情報共有のムラをなくす"ホワイトボード"活用術 … 149
- 06 朝礼だけでこんなに変わる！ … 153
- 07 結論が出る！効果的な会議の開き方 … 156
- 08 残業と会議時間は、簡単に半減できる！ … 164
- 09 AI、ロボットとの付き合い方を考える … 167

第6章 "超採用難"時代の求人法

- 01 「選ぶ時代」から「選ばれる時代」へ … 174
- 02 CPIで"勝ちパターン"を分析する … 176
- 03 採用マーケティング3原則 … 180
- 04 ターゲティングは具体的に … 183
- 05 入社メリットを最大化する … 186
- 06 「求人チャネル」5つのチェックポイント … 189
- 07 ホームページの落とし穴 … 191
- 08 就職したくなる！面接＆会社説明会の演出法 … 195
- 09 "選ばれる"面接の極意 … 198
- 10 内定辞退の回避策 … 202

第7章 未来をつくる働き方

- 01 AI化後の未来 … 210
- 02 「介護」の仕事はなくならない！ … 211
- 03 絶対に代替できない役割とは？ … 213
- 04 200時間の法則 … 215
- 05 だから福祉は面白い！ … 216

あとがき … 219

編集協力：有限会社アトミック
装丁：小口翔平＋喜來詩織（tobufune）
本文図版：桜井勝志

第1章

あなたの
「施設長像」は
間違いだらけ！

01　施設長は"現場"にいてはならない

「マネージャーは、現場主義でなくてはならない」「答えは現場にあるのだから」と言う人がいます。

中間管理職の仕事の仕方を語るビジネス書でも、「現場第一」を重要視しているものがたくさんあります。

確かに、「現場にいないと、大切なことを見落とすかもしれない」「現場を見て判断するほうが正しいに違いない」と、現場を重要視する理由は理解できます。

しかし、この**「現場第一」の考えが、多くの施設長から「やるべきこと」を奪っている**と、私は考えています。

施設長の多くは、現場出身です。きっと、現場での介護職、医療職としての仕事ぶりが認められて、今のポジションにいるのでしょう。

言い換えれば「誰よりも現場がわかっている人」ということになります。ほとんどの施設長が、もとは「職人集団の親分」なのです。

そんなあなたが現場に出てしまうと、どんなことになるでしょう。スタッフからは頼られ、お客様（本書では利用者、入居者を「お客様」と言います）からは「施設長が顔を出してくれるなんて嬉しい」と喜ばれるに違いありません。

実は、ここには大きなリスクが潜んでいます。
苦手な管理業務をやるよりも現場で力を発揮したほうが、あなたにとってよほど気持ちが楽なはずです。他のスタッフよりも（当たり前ですが）活躍できますから、まわりから褒められます。

すると、あなたの中に「私は、現場から離れられない」「現場が、私を必要としている」という考えがわき起こり、少しずつ現場にいる時間が長くなります。自ずと体も疲れますから、「仕事をした」という充実感もあるかもしれません。
　しかし、それは大きな誤解です。そんなことで、満足していてはいけません。

　よく考えてみてください。あなたの役割は、現場で誰よりも活躍することでしょうか？
　違います。現場のことは、あなたの部下である現場スタッフがやるべきです。それを取り上げてはいけません。
　それに、本書を読み進めた施設長は、きっと気づくでしょう。「現場になど、出ている暇はない」と。
　そうです。施設長には、施設長にしかできない役割が、山ほどある。それを後回しにして、**施設長であるあなたが現場で貴重な時間を費やしているから、現場が回らなくなる**のです。

　まず、あなたに必要なのは「**施設長は"現場の"代表者だ**」という、誤った「**施設長像**」**を捨てること**です。
「現場の親分」だと思うから、現場に近づきたくなるのです。そんな考えは、一刻も早く捨ててしまったほうがよい。むしろ、邪魔なだけだと思います。

　施設のトップであるあなたは、1つの施設の「経営」を任されています。その意味では「社長、理事長と同じ」と言ってもよいでしょう。
　もちろん、経営トップほどの権限や責任はないにしても、**スタッフに**

適正な給与を支払い続けるために、経営を安定させる任務があります。

スタッフが「ここで働き続けたい」と思えるよう、未来を語る役割があります。

どのスタッフも均質のサービスが提供できるように育成する責任があります。

ですから、仕事の時間の大半は「現場の親分」ではなく、「ミニ経営者」として使わなくてはならないのです。

これからは、安易に現場に身を投じることのないようにしましょう。

最初は慣れない経営的な役割に、大きな不安を感じるかもしれません。しかし、そこがスタートです。

施設長にしかできないことを全力でやる。それが大事なのです。

もしかしたら、「私たちはこんなに忙しいのに、施設長はちっとも現場を手伝ってくれない」と批判するスタッフもいるかもしれません。その声に負けてはダメです。

もちろん、私は「手伝うな」と言いたいわけではありません。優先順位を間違ってほしくないのです。

02　毎日、職場に出勤してはダメ

もしあなたが、「自分は運営責任者なのだから、毎日、職場に顔を出さなければならない」と真剣に考えているとしたら、それは大きな間違いです。

「いつ何が起こるかわからないし、施設の"大黒柱"としてドシッと腰を据えているべきだ」というのは"古いタイプの施設長像"です。

現に、**私のまわりにいるスゴ腕施設長たちの多くは、いつも施設の外に出て、あちらこちらを飛び回っています。**事務所にこもるとしたら、新たな事業を立ち上げるときや、重大な課題を短期集中で解決しなければならないときくらいです。
　彼らがやっていることは、主に次の4つです。

- セミナー、研修での情報収集
- 成功施設の視察（研究）
- 地域でのネットワークづくり
- 自治体や組織に対する渉外活動

　このうち、**特に大事なのが「情報収集」と「成功施設の視察（研究）」**です。これは、**介護業界特有の「情報戦」に勝つために、欠かすことのできない作業**です。

　改めて言うまでもありませんが、介護事業は「介護保険制度」という大変厳しいルールに則って運営しなくてはなりません。保険や税金を使って事業をしているのですから、当然のことでしょう。
　ルールは3年ごとに改正されますが、この内容が難解で、曲者です。
　改正内容を理解する公式な場は、自治体が改正前後に開催する説明会くらいです。しかも、変更されたポイントのみを、ごくわずかな時間で概略を解説するだけですから、決して丁寧とは言えません。
　これだけで理解しようというのは、そもそも無理があります。
　改正情報は、厚生労働省のホームページでもダウンロードできます。多くの事業者が持つ疑問に回答する「Q&A」や、自治体ごとの"ローカルルール"を定める資料も、ほとんどがインターネットで公開されてい

ます。しかし、こうしたものをいくら読み返しても、プロである私たちですら解釈や対策に迷うときがあります。

　もうお気づきだと思いますが、**制度ビジネスでは、情報は平等に与えられますが、その情報を"どう読み解いて対応するか"で大きな差がつく**のです。
　しかも、他の施設の後追いではダメ。できるだけ早く情報を入手し、競合施設より先に対策を講じることが、施設を成長させるうえで極めて大切なのです。

　そこで着手したいのが、多くの人の"解釈"を知ることです。
　有識者のセミナーに参加したり、成功している施設を訪問して、制度のどの部分を、どう解釈して運営しているかを知るのです。
　また、成功している施設に行けば、人気のポイントがわかります。多くの学びがあるでしょう。
　私も「介護サービス経営カレッジ」という会員制の勉強会を主催し、全国から集まる事業経営者と、定期的に情報交換する機会を提供しています。
　こうした場に参加して、情報収集できるのは、あなたしかいません。
　法人によっては経営者が行う場合がありますが、施設長こそが、この役目を果たさなければ意味がないと私は思っています。
　いくら経営者が1人で「こうするぞ！」と声高に指示しても、現場を統括するあなたが、どこを目指しているのかをリアルにイメージできなかったら、現場スタッフたちが動くはずがないからです。
　施設長は、現場にいてばかりではダメ。積極的に外に出て、施設をより成長させるためのヒントを自らつかみ取るべきです。

このとき、みなさんに必ずやってほしいことがあります。

"居所"を常に明確にすることと、外で得た情報を、即座に現場にフィードバックすることです。

これを怠ると、あなたが外出や出張の際、「いいなあ施設長は、いつも楽そうで」「きっと、外で油を売っているに違いない」と誤解するスタッフが出てくるからです。

ここでオススメしたい手法が、メールによる「施設長日報」です。

今日、見てきたこと、感じたことを、短くてもよいので、その日のうちに、全スタッフにメールで送るのです。こうしたメッセージを発信し続ければ、誤解するスタッフは少しずつ減っていくでしょう。

ただ、そのメッセージに返信してくれるスタッフは、ほとんどいないかもしれません。返事がないのにメッセージを送り続けるのはつらいものですが、そこで挫折してはいけません。リアクションのある人が少人数でも、「読んでくれたスタッフが何かを感じてくれれば儲けものだ」と思って続けることです。

03 「朝令暮改」は褒め言葉

現場を離れて、いろいろな人の考えや成功事例に触れていると、自分の考え方や施設の方向性が「間違っていた」と気づくことがあります。「このままだと、変化に乗り遅れる」「競争相手に負けてしまう」と、近未来の大きなリスクを察知するのです。

しかし、部下たちにそのことを伝えたら、きっと「何を言っているん

だ」と憤慨するスタッフもいるでしょう。あなたの方針に、真摯に向き合って頑張っている人材こそ、腹を立てるかもしれません。

 だからといって、間違ったものに固執するほどバカバカしいことはありません。

 東京商工リサーチによれば、平成28年度の介護事業における倒産件数は、過去最高を更新しました。

 前年に行われた制度改正の際の「マイナス改定（介護報酬が減額になった）」による影響が大きかったためと予測されます。その対応の遅れや、競争に負け、稼働率が下がったことによる資金繰りの悪化が、大きな原因とのことでした。

 変化が起きたときに対応が遅れることの代償は、取り返しがつかないくらいに大きいのです。

「朝令暮改」という言葉があります。「あてにならない」「考えが定まっていない」というときに使われることが多く、あまり良い印象はありません。

 しかし、経営の場における「朝令暮改」は、とても前向きなエッセンスだと思います。それだけ変化に敏感で、その変化に対応しようと努めているわけですから、むしろ正しい行いだと言えます。

 IT業界や小売業、他のサービス業のようなスピーディな変わり身が苦手な介護業界においては、「朝令暮改」は褒め言葉と言ってもよいかもしれません。

 ただ、指示を受ける現場スタッフの立場で考えると、施設長の考えがコロコロ変わるというのはたまったものではありません。せっかく準備していたことが台無しになることもあります。施設長に対して、思わず腹を立てる気持ちもわかります。

そんなときは、スタッフたちに素直に謝ることです。
「自分が悪かった。以前はこう思っていたが、よく調べてみると判断が間違っていたようだ。みんな頑張ってくれていたのに、本当に申し訳ない」と頭を下げ、方針転換の理由と今後の方向性を、スタッフ1人ひとりと顔を合わせて、わかりやすい言葉で繰り返し伝えるのです。
　そして、そういうときこそコミュニケーションを密にし、不満に対するケアもしっかり行うのが大事です。
　なぜなら、介護業界の変わり身の遅さは、その環境にも原因があるからです。
　お客様は高齢です。施設の方針が変わったからといって、それについてこられない方も多数出てきます。詳しい説明を求める問い合わせも、場合によってはクレームも増えることでしょう。
　そうしたお客様の窓口となって対応するのは、あなたではなく現場スタッフです。その負担を理解し、寄り添い、言葉をかけることが大切なのです。

　「朝令暮改」を続けていると、施設の文化が徐々に変わることに気づきます。新しい情報に敏感になり、変化に臨機応変に対応できるようになっていきます。
　もちろん、すべてのスタッフが、同時にそうなるわけではありません。頑として動かないスタッフもいます。
　それでも、一部のスタッフが変わると、それが導火線となって、BBQの火おこしのように、少しずつ全体に火がつきはじめるのです。
　そうなったら、みなさんの施設は強い組織に生まれ変わります。
　あなたの日頃の情報収集活動による「朝令暮改」がきっかけで、施設

のステージを1ランク上げることができるのです。

「背中で教える施設長」などいらない

「施設長は、現場に出てはダメ」と言うと、「やはり現場で、自分の頑張っている姿を見せないと」「指示するからには"率先垂範"しないと」などと反論する人がいます。
　これも"間違った施設長像"の1つです。

　率先垂範は悪いことではありません。特に、挨拶や言葉遣い、立ち居振る舞いなどは、施設長がルーズだと現場もゆるんできます。ぜひ、自ら先頭に立ってやってほしいと思います。
　しかし、介護業務や現場作業を、あなたが前面に出てやる必要があるでしょうか。
　あなたの背中を見て、現場スタッフがスクスクと育ってくれるならよいですが、今はそんな時代ではありません。
　それどころか私は、この**"背中で教える施設長"が、介護業界の発展を邪魔している**のではないかとさえ思っています。

　施設長に限った話ではありませんが、**"背中教育"は言い換えれば、手取り足取り教えない指導法**でもあります。"職人教育"とも言えるかもしれません。多くは、テキストや教本もなく、口頭による説明で、その場の状況に合わせて行われます。
　「臨機応変」と言えば聞こえはいいですが、要は"体系立っていない"ことを意味しており、指導者の勘と経験に頼った指導法とも言えます。と

ても非効率な方法です。

これで育つ現場スタッフが、いったいどれだけいるでしょうか。

しかし、介護業界では長年、それがまかり通ってきました。それでも何とか人材が育っていたのです。

それが今は通用しなくなっています。制度上、求められる水準が高くなったことに加え、お客様の要求することも難しくなっています。

また、介護の仕事が一般化したこともあり、「介護職で食べていくぞ！」と気負って職選びをする人も少なくなりました。「やってみようかな」くらいの気持ちで、選ばれる仕事です。

"背中教育"でうまくいくのは、成長意欲や問題意識が高く、修業に耐えられる人材だけです。

そういった人たちであっても、体系立ったプログラムのほうが、きっと早く育つでしょう。

背中教育はやめて、教育体系づくりを進めなければいけません。

このことを気づかせてくれる事例が、他業種にあります。

みなさんは「リエゾンプロジェクト」というのを、ご存じですか？

パン職人の独立開業を支援する学校のようなものですが、ここの河上祐隆代表は、とても面白い取り組みをしています。

なんと、たった5日間で、売れるプロのパン職人を育てるというのです。

今、パン屋さんはいたるところにあります。スーパーの中にも、美味しい焼き立てのパンを出すお店があります。パンで独立開業して繁盛するには、並大抵の努力ではすまないと容易に想像できます。それをたった5日でやってのけるというのです。

それでは、従来のパン職人の修業と比較してみましょう。

＜従来のパン職人＞
・専門学校で１～２年に加え、最低１年以上の店舗修業が必要
・先輩を見て技を磨く
・いろいろなパンが焼けてはじめて"一人前"
・オリジナルレシピで独立開業

＜リエゾンプロジェクトの場合＞
・修業期間はたったの５日
・人気パンを徹底的に焼きまくる指導法
・売れる15種類にしぼって習得
・売れるパンにしぼって開業し、いきなり繁盛店

わかりますよね。「従来のパン職人」が"背中で教える施設長"です。

もしかしたらこの方法で、どこに出しても恥ずかしくない、うまくいけばコンテストで入賞するようなパン職人を育てられるかもしれません。

では、今の介護現場で必要なのは、賞を取るような人材でしょうか。違うはずです。

今、介護業界に必要なのは、ひと通りの仕事を独力で安全にこなせるスタッフを、できるだけ短期間で育てる指導術ではないでしょうか。スタープレイヤーもほしいですが、まずは最低限のことを１人でこなせるスタッフを揃えることが優先です。

そのためには、リエゾンプロジェクトのような指導法を私たちも工夫

してつくらないといけないのです。

　しかし、いまだに"背中教育"などをしているため、いつまでも新人が育ちません。一緒に働く先輩スタッフは、それをイライラしながら見守ります。新人は新人で、自分が現場の"お荷物"になっていることを実感し、「私はこの仕事に合っていないんじゃないか……」などと不安になって、辞めていくのです。

　これが、私が"背中施設長"が業界発展の邪魔をしていると、手厳しく言う理由です。まだそういった教育法を行っているようであれば、すぐにでも改めるべきです。

05　ユニフォームは今すぐに脱ぎなさい

　施設長は現場に出るべきではないとお伝えしてきましたが、それでも「どうしても現場に出たくなる」という方も少なくないでしょう。
　現場での成功体験が忘れられなかったり、（あなたに比べると）未熟な部下の仕事ぶりを、黙って見ていられないのです。
　「あぁ、そんなやり方じゃダメだよ」と、足が勝手に現場に向かってしまう。職人魂ですね。

　そんなあなたに、オススメの方法があります。
　施設のユニフォームではなく、毎日、男性だったらジャケット、女性だったらビジネスライクなシャツやパンツ姿で、職場に立つのです。
　これなら、現場仕事をしやすい服装ではないので、施設長としての仕事に向き合わざるを得ないでしょう。
　ジャケットを着て現場でできることと言えば、お客様と会話をした

り、車椅子を押すことくらいです。

　その姿では、食事介助や排泄介助などは、汚れるのが気になってできません。万が一のときにパッと動ける格好ではないので、転倒リスクのある移動の介助も怪しいところです。

　それに、ユニフォームを着ることのデメリットもあります。

　よく現場スタッフと同じ、ポロシャツなどを着て仕事をしている施設長を見かけます。彼らが、施設長の役割をまったく果たしていないとは言いませんが、**そのカジュアルな服装によって、施設やあなた自身の評判を落としているかもしれません。**

　例えば、お客様のご家族との面談や、地域の懇談会、採用面接に出るときに、あなたがロゴ入りのポロシャツを着ていたらどうでしょう。みんな、あなたを見て「この人は現場の人だ」と錯覚します。

　ましてや、私たちのお客様は、年長者ばかりです。特に男性などは、あなたのことを軽く見るかもしれません。それがクレーム対応の場面だったら、「もっと上の者を出せ」となるはずです。

　服装がカジュアルというだけで、大きな損失になりかねないのです。

　ですから施設長になったら、たとえ前任者がユニフォームを着ていたとしても、あなたはせめてジャケットくらいは着るべきだと思います。

　別に高い服を着なさいと言っているわけではありません。ユニクロでもいい。それでも、相手の印象はグッと変わるはずです。

　ただし、例外があります。

　制服には、チーム内での仲間意識を向上させたり、一体感をつくる役割もあります。

　趣味のスポーツでも、思い思いのジャージではなく仲間と同じユニフ

ォームに袖を通すと、グッとテンションが上がるでしょう。チームワークもよくなります。

　同様に、現場のスタッフと同じ服装になることで、現場とあなたの距離を縮める効果が期待できます。それを、あえてやらなければならないときもあるのです。

　例えば、絶対的に現場の人手が足りないときに、あなただけがジャケットを着てパソコンのキーボードを叩いていたらどうでしょう。信頼を著しく落とすに違いありません。

　そこに施設長が、ユニフォームを着て現れたらどうでしょう。「今日は、人が足りなくて大変でしょう。みんなの仕事を一緒にやるから、何でも言って」と、誰よりも動く姿をスタッフが見たら、「さすが施設長だ」「この人についていこう」と思うに違いありません。

　こういうときは、ユニフォームでOK。背中を見せるのも"あり"です。

　それ以外は、ユニフォームを脱いで施設長の仕事に徹する。その一歩が、あなたを"スゴ腕施設長"に変身させるのです。

06　「できない施設長」が"スゴ腕"になる理由

　ある施設長から、「自分より現場スタッフのほうがベテランなので、自信を持って指示ができない。どうしたらよいか」という相談を受けました。施設長に限らず、役職者に多い考え方です。

　自分より技術力の高い部下に指示できない。これも「施設長は現場の親分」「職人集団のトップ」という"間違った施設長像"からきています。

　介護保険制度上は、お客様の介護計画の立案に、施設長が関わらなけ

ればならないルールですから、介護保険制度や介護サービスについてまったくの素人(しろうと)では困ります。マーケティングや商品知識がまったくないのに、スーパーの店長をしているのと同じです。たとえ異業種からの転職組であっても、介護のことはしっかりと学んでいただく必要があります。

しかし、いわゆる"介助"のプロである必要はありません。

いやむしろ、**現場業務ができない施設長のほうが、"スゴ腕施設長"になれる可能性が高い**とさえ思っています。

彼らの特長は3つあります。

□ すべてを知ろうとしない
□ スタッフに幅広い仕事を任せる
□ 大事なこと以外は、現場に口を挟まない

さて、あなたは、いくつ当てはまっているでしょうか？　なかなかできない方もいると思います。

逆に、こうなってしまいがちです。

□ 現場で起こることのすべてを掌握しなければ気が済まない
□ スタッフより自分のほうが能力が高いから、なかなか仕事を任せられない
□ スタッフの未熟な仕事ぶりに、口を挟まずにいられない

これではいけません。

まず1つ目に、**すべての情報をあなたが掌握しようとすれば、円滑な運営ができません。**

あなたが施設で起こることを、事細かく現場から報告させ、それに対して指示を与えようとすると、以下のような支障が出ます。

> × 現場職の報告負担が増える
> × 指示が出るまで現場職が動けないためタイムラグが出る
> × あなた自身の負担が増大する

2つ目は、スタッフに**仕事を任せなければ、スタッフの成長の機会を奪うことになります。**

普段、やったことがない業務をするから育つのであって、限定された業務しかしなかったら、成長がストップするのは目に見えています。

他のスタッフに任せられる仕事をあなたがやれば、施設長としての仕事が後回しになります。

3つ目に、**スタッフの仕事ぶりに、いちいち口を挟んで具体的に指示をしていたら、スタッフは確実に"指示待ち"になります。**

考えない集団をつくり上げることになるのです。結果、あなたは「うちのスタッフは、自分で何も考えてくれない」とグチをこぼすことになります。

リーダーの理想は"顔は出すが、口は出さない"ことと言われます。

放置はせず、見守ることはしますが、口はギリギリまで出すべきではないのです。

これら3点について、現場業務ができない施設長は、あまり心配がいりません。

細かいことを自分で指示したり、判断するよりも、それが得手な現場スタッフに委ねるほうがよいですし、自分のできないことは、（たとえ失

敗するリスクがあっても）誰かに任せるしかありません。もちろん、口を出す必要もないでしょう。

　そのほうが、現場スタッフが自分で考え、結論を出すクセづけもできます。成長するきっかけができるのです。また、あなたは施設長としての、よりマクロな役割や、意思決定に集中できます。

07　お客様の声を聞いてはならない

　こんなことを言うと「何を言っているんだ」「"お客様第一"が商売の基本だろう」と叱られそうですが、**介護業界には「お客様の声を"あえて"聞かない」という意識が必要**だと私は考えています。

　介護業界は今、慢性的な人手不足です。その原因は、もちろん絶対的な人数の不足にもあると思いますが、それ以上に、**現場スタッフの「お客様の声を聞く」という意識が強すぎるために、生産性が著しく低くなってしまっている**ことにあると思うのです。

　私がコンサルタントとして、よく見かけるシーンを例に解説しましょう。

　あるデイサービスセンターでは、毎日10人の介護スタッフで現場を切り盛りしています。しかし、（制度上の人員基準はクリアしていますが）現場をスムーズに運営するためには、人手が足りません。

　スタッフは、移動するときは小走り。1時間の休憩すら、しっかり確保することができません。

　パートは定時で退勤しますが、社員の残業は常態化しています。若いスタッフはまだしも、ベテラン組は体力的にもつらそうで、退勤のタイ

ムカードを押す手にも力が入りません。
　施設長はそんな状況を見るに見かねて、パートスタッフを1名増員することにしました。

　さて、どうなったでしょうか？　みんなの仕事が、楽になったと思いますか？
　答えはNOです。

　普通に考えれば、10人でやっていた仕事を11人でやるわけですから、少なくとも10％は仕事が楽になって然るべきでしょう。それが、そうはならないのです。
　仮に、あなたの施設でスタッフを増員したときの、現場の反応をイメージしてみてください。
　あるスタッフは「昼食後に、今はお茶しか出せていないけれど、『コーヒーを飲みたい』という声もありますね。"スタッフが増えたのだから"コーヒーもお出ししましょうよ」と言い、またあるスタッフは「最近、外出できていなかったけれど、"スタッフが増えたことだし"、天気が良い日は外に出る機会を増やしましょう」と提案します。
　こうして、1人分の仕事量が、すぐに埋まってしまうのです。
　10人が11人になれば、11人分の仕事を見つける。11人が12人になれば、12人分の仕事を見つけるのが、介護職の本質です。
　多くの介護職が「お年寄りに、少しでも喜びを提供したい」という気持ちで働いていますから、お客様の声に耳を傾ければ傾けるほど、自然に仕事は増えていくのです。

　もちろん、この"気持ち"は、とても素晴らしいです。こういう提案を

してくれたスタッフに、「よく言ってくれた」と感謝しなければいけません。

だからといって、施設長のあなたは、それをすべて取り入れてはダメです。どこかで"待った"をかけないといけないのです。

これは、介護保険事業だからこその話かもしれません。

制度上、保険やお客様からいただけるお代金が決まっています。公定価格ですから、サービスを増やしたからといって、単価を上げることはできません。定員も容易に増やせません。「売上」は、「客数×客単価」で表されますが、両方を自由に変えられないのですから、施設の規模によって売上の上限が決まってしまうのです。

つまり介護保険事業は、限られた人数で運営しなければ、適正な利益は出ないような仕組みになっています。適正人数で運営できず、スタッフ数が増えてしまったら、1人あたりの給与が減ってしまうことにもつながります。

ですから、施設長のあなたは、**「お客様の声に真摯に耳を傾けて、何でも実現しよう」という気持ちにまかせて業務量が増えることのないように、意識しなくてはなりません。**

あなたの役割は、"声"を分析し、適正なスタッフ数、適正な業務量と照らし合わせながら、「対応する声」と「対応しない（できない）声」を仕分けることです。

勇気を持って「申し訳ないが、対応できない」とお客様に謝ることも、あなたの大事な仕事です。

「お客様の声を聞かない」というつらい判断も、ときには必要なのです。

08 「スタッフの意見」を聞くのはやめなさい

　お客様の声と同様に、スタッフの意見に耳を傾けすぎるのも、私は問題だと考えています。
　なぜなら、**スタッフはみな、正しいことを言う**からです。
　これだけでは、何のことだかさっぱりわからないでしょう。
　例を出して説明します。ある施設で、実際に起きたことです。

　1人のスタッフが、昼食時間に、こんなことを言いました。

今は配膳、下膳（さげぜん）を私たちスタッフが行っていますが、介護施設はそもそも"リハビリの場"でもありますから、ご自身でできることは、なるべくやっていただいたほうがよいと思います。残存機能（まだ障害のない、活用できる体の機能）を使うために、**下膳だけでも、お客様にやっていただきませんか？**

　それを聞いた施設長は「早速、やってみよう」と指示しました。
　しかし次の日、別のスタッフからこんな提案がありました。

下膳をご自身でやっていただくと聞きました。しかし、お客様は（要介護になって）あまり外食に行く機会がないのですから、**せめて施設では、レストランのように、スタッフが配膳、下膳をすべきだと思います**。お客様もそのほうが絶対に喜びます。

　さあ困りました。真逆のことを言っていますが、双方とも、しっかり

第1章　あなたの「施設長像」は間違いだらけ！

とした理由があります。何より、2人とも「自分が正しい」と思って発言しています。
　どちらかを選ばなければいけませんが、どちらを選んでも「私のほうが正しいはずだ」と、禍根を残しそうです。
　いったい、このプロセスのどこに問題があったのでしょう。

　こんなとき、私は施設長たちに「一問一答はやめましょう」とアドバイスしています。
　スタッフから何かを相談されると、どうしてもその場で答えたくなります。1つ質問されたら、1つ答えを返す。そのやりとりが誠実であり、双方の信頼感や、運営のスピード感につながるような気がするからです。
　しかし、事例のように「一問一答」を続けていると、その答えに矛盾が生じるときがあります。なぜなら、スタッフからの意見のほとんどは"正しい提案"であり、その場その場で判断するならば"取り入れざるを得ないアイデア"だからです。

　もし、意見に対して、あなたに明確な方針がないのであれば、**その場で答えてしまわずに「○○会議で提案してほしい」のように、合議のうえで決めるように促しましょう。**
　そのプロセスを経ることで、あなたが「どちらの答えが正しいか」の"評価"をしたのではなく、その会議に参加した全員で、A案とB案のどちらを採用するかの"判断"をすることになりますから、不満も出にくくなりますし、方針にブレもなくなります。

　もちろん、その場で回答をしなくてはならないテーマも多々ありま

す。答えを先延ばしにすることによって、さらに大きな問題に発展してしまうこともあるからです。

　答えるか、答えないかの判断は難しいときもありますが、その基準は「緊急性」だけです。

　たいていのことは、すぐに受け答えしなくても大きな問題はないはずですし、意識して繰り返しているうちに「これは即答だ」「これは、今は答えないほうがよい」とコツがわかってきます。

09　節約は"非効率"のもと

　日本人は「節約」が得意と言われています。「MOTTAINAI（もったいない）」という日本語が、海外でも紹介されるくらいですから、その点には長けた国民性なのかもしれません。

・故障したものを、修理して大事に使い続ける
・新しいものを買う前に、代用できるものがないかを工夫する
・物品購入の際には、できるだけ安い商品を探す

　どれも素敵なことですね。何の問題もないような気がします。
　しかし「節約」も、よく考えて実践しないと、かえって非効率になったり、コストが高くなることがあります。

　介護付き有料老人ホームKでは、毎朝10時から30分間、介護予防や体力維持のために運動をします。ラジオ体操や、音楽に合わせて体を動かす、入居しているお客様に大変人気のプログラムです。

ところが、マンネリ化してきたため、運動メニューとして「お手玉体操」を追加することになりました。
　お手玉なら、お年寄りは喜ぶでしょう。子どもの頃を思い出して懐かしんでくれるはずです。それに、歌いながらリズムに合わせて投げたり、床に落として拾い上げる運動は、要介護のお客様にとっては効果の高いトレーニングでもあります。
　さて、これを始めるには、お客様の人数分の"お手玉"を準備しなくてはなりません。
　あるスタッフが「購入するのは"もったいない"」と、古い布と小豆を材料に手づくりすることを呼びかけました。
　有志の4人が集まり、通常勤務の終了後に作業することになりました。製作時間は2時間。合計で40個のお手玉が揃いました。材料費は小豆代のみ。たったそれだけで、色とりどりのかわいらしいお手玉が完成したのです。

　さて、何が問題かわかりますか？
　施設長のあなたは、ここで気づかないといけません。

　彼らは、残業時間に作業しました。仮に、彼らの残業時間の時給が1200円だとしたら、4人で2時間ですからトータルで9600円。これに小豆代を足すと、おおよそ1万円になります。
　もしこれが100円ショップなら、2個入り、3個入りを、100円で買うことができます。2個入りで考えても、40個で税込2160円。買いに行く1時間の時給を足したとしても、3分の1程度のコストで済みます。
　このケースでは、手づくりは非効率で、コストも高くなってしまいま

した。一緒に作業した4人の絆（きずな）が深まる、または、お客様が手づくりしたことを喜んでくれるなど、目に見えないメリットはあったかもしれませんが、経営、運営的には、プラスとは言えません。

　実は介護業界では、こういう隠れたコストが非常に多いのです。自分の労働コストに対する意識が低いのかもしれません。
　施設のパンフレットを、パソコンで何時間もかけて手づくりし、社内のプリンターで時間をかけてコピーするのも、考えようによっては問題です。
　そのスタッフの担当が広告販促ならよいですが、他の作業を犠牲（ぎせい）にしてパンフレットをつくっているのであれば、製作時間分のコストがかかります。製作、印刷は、印刷会社にお願いしたほうが、効率的で安くて、デザインや仕上がりもよいということが考えられます。
　「節約」が、かえって非効率や高コストを引き起こす原因になることもあると、意識しなければなりません。

10　施設長はクラウンに乗りなさい

　第1章の最後に、少し大胆な提案をします。この考えを取り入れるとしたら、よく意図を理解してからにしてください。

　私がはじめて介護業界の仕事を手掛けた際、とても驚いたことがあります。
　その施設を訪問すると、事務所の片隅（かたすみ）で30代半ばくらいの女性が、他のスタッフたちに囲まれて泣いていました。何か大きな失敗でもした

のかと、気になって社長に尋ねると、意外な答えが返ってきました。

「彼女は今日、主任に昇進したんだよ」

　それを聞いて私は「降格ではなく、昇進だよな……？」と、少し頭が混乱しましたが、まわりのスタッフとのやりとりを聞いて、なんとなく事情が理解できました。

「大丈夫だから、私たちがちゃんとフォローするから」
「いや。絶対に無理。私、主任に"させられる"なら、今月で辞めます」

　こんなやりとりに遭遇(そうぐう)するのはこのときがはじめてでしたが、それから今までの17年の間に、何度も目にすることになりました。
　他の業界であれば、昇進したら手当もつきますし、より高い役職への足がかりにもなります。お祝いするのが普通で、泣くなんてもってのほかです。
　しかしこの業界では、残念ながら珍しいことではありません。役職に就(つ)くと「貧乏くじ」を引いたような感覚に陥(おちい)る方が少なくないようです。「させられる」という言葉が、それを示しています。
　それが施設長になるとなおさらで（もちろん前向きにとらえる人もたくさんいますが）、これから背負わなければいけない重圧を悲観する方がとても多いのです。

　昇進が「プラス」か「マイナス」のどちらにとらえられるかは、どうも法人や施設によって分かれるようです。
　ある法人では、役職に就くと「よかったね！」という声であふれます

が、ある法人だと「大丈夫？」と心配する声が大きくなります。

私は、その"マイナス施設"を分析した結果、2つの原因を発見しました。

1つは、**施設長や役職者があまりハッピーに見えない**ことです。自分の上司が日頃からつらそうにしていれば、「大変そうだな」「あのようには、なりたくないな」と思うのは当然のことです。

この点に関しては、本書を最後まで読んでいただければ、たいていのことは解決できるはずです。

そしてもう1つ。**施設長が背負う負担に対して、報酬が見合っていないと感じることも、昇進を「不幸」ととらえる原因のようです。**

これは「"給与"は"業務負担"やプライベートを"犠牲"にした対価だ」「"給与"と"負担（犠牲）"はバランスが取れていなければいけない」という考えに基づく発想です。

私はそもそも、そう考えること自体が自分を追い詰めていると思いますが、働く理由はみな違いますから、ここではそれに言及するのはやめておきます。

さて、この2つ目が生じる理由は、何でしょう？

現場スタッフが、あなたの給与明細を見ているわけではないでしょうから、あなたがその役割に見合った生活をしていないという印象を持っている、ということではないでしょうか。

身なりや持ち物、休日の過ごし方などが、現場スタッフの持つ"施設長の理想像"と大きくかけ離れているから「見合っていない」と感じるのかもしれません。

そこで提案したいのが、トヨタのクラウンです。

王冠のエンブレムがついた高級車で、経営幹部を象徴する車の一種で

す。そういう車に乗ってはどうかというのです。

　それを聞いて、あなたは「そんな、おじさんみたいな車に乗りたくない」と思うかもしれません。クラウンというのはあくまでもたとえ話であって、現場スタッフが「さすが施設長」と憧れるような生活ぶりをしてほしいというのが、その意味するところです。

　だってそうでしょう。施設長が軽自動車に乗って、GUの服を愛用し、ボロボロの財布に千円札が1〜2枚しか入っていないのを見たら、誰もあなたのポジションを目指したいとは思いません。

　現場スタッフが思い描く"施設長像"に、少しでも近づいてほしいと思います。

　ただ、実際にそれほどの給与水準でなければ、そんな生活をキープするのは難しくなります。

　そこで次の提案です。社長や理事長に、もっと高い給与を要求してはどうでしょうか。

　もちろん、何のコミットもなく「給料を上げろ」というのは、無茶な相談です。稼働率を上げ、収益性を改善して獲得した利益を原資に、少しでも役職手当を上げてほしいと交渉してみてはどうかと思います。

　それであなたのモチベーションが向上し、現場スタッフのキャリアアップへの動機づけができるなら、経営者も納得するのではないでしょうか。

第2章

まずは"武器"を身につける

01　「手帳」を変えよう！

> **施設長のための手帳選びのポイント**

　介護業界で働くようになって、びっくりしたことがあります。
　それは、**会議や打ち合わせに、手ぶらで参加する人が多い**こと。
　いまだに、コピー用紙の裏紙1枚だけ持って参加する人をチラホラ見かけます。
　それだけでなく、自分のスケジュールを"勤務シフト表"だけで管理している介護職が多いのも気になります。
　1カ月単位で発表されるシフト表だけでは、数カ月間かかるような業務のスケジュールは立てられません。どうしているのかと、不思議に思うことすらあります。

　それが現場職ならまだ許せるのですが、施設長ともなったら、そうはいかないはずです。
　常に手帳を携えて、大事なことは記録し、長期的なスケジュールも1冊で管理したいところです。

　24時間365日営業で、会議が頻繁にあり、来客も多い介護現場では、2種類のスケジュール管理が必要です。
　1つ目が「**イヤープランナー**」。見開き2ページで、**1年分のスケジュールが一覧できる**ようになっています。
　これがあると、例えば「毎月第3火曜日」のように、定期開催される会議や委員会のスケジュールを立てやすくなります。また、施設長が参

加すべき「季節のイベント」や「会社全体の行事」なども、書き入れやすいでしょう。

2つ目が「**ウィークリープランナー**」です。見開きで、**1週間分のスケジュールを管理できる**ものです。

特に、**私がオススメしたいのは、1時間ごとに予定を書き込める「バーチカルタイプ」の手帳**です。

介護現場は、委員会や会議、カンファレンス、担当者会議など、ミーティングがとても多くありますが、これだったら時間ごとに管理できます。予定のないまとまった時間は目立つように四角く囲んでおけば、"空き時間"も一目瞭然になります。

しかし、この2つのタイプのものが、別々の手帳ではかえって面倒です。管理の手間を考えると、**1冊であることが重要**です。

図2－1：手帳でスケジュールを管理する

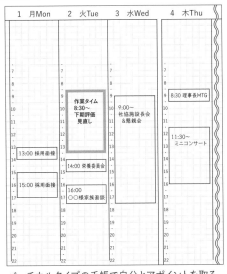

バーチカルタイプの手帳で自分とアポイントを取る

やり終わった作業は赤ペンで消す

それに、サイズも大事です。あまり大きいと、持ち運ぶのも億劫になります。**どこにでも持っていけて、カバンにもスッと入る大きさがよい**ですね。

私は、Ａ４の３つ折りサイズ（縦219mm×横123mm）か、Ａ５サイズ（縦216mm×横154mm）の手帳を使っています。

なかなか理想の手帳に出会うことができず、システム手帳にしたり、大学ノートサイズにしたりといろいろ試したのですが、持ちやすさ、重さ、書きやすさから、このサイズに落ち着いています。

特に、日本能率協会が出している「能率手帳」の「NOLTY」シリーズは、「イヤープランナー」と「ウィークリープランナー」がついていて、ノート部分が方眼紙のようになっていて書きやすく、余計なページがなくてすっきりしているので、気に入って使っています。

手帳を使ったタスク管理

施設長になったら、やらなければいけない仕事が盛りだくさんです。そのため、残業が慢性化する方が多いのです。

しかし、手帳の使い方をマスターすれば、効率的に仕事を進めていくことができます。

タスク管理の方法はいろいろありますが、オススメは「**セルフ・アポイント・メソッド**」です。

やらなければいけない業務ができたら、お客様とアポイントを取るのと同じ要領で、**自分とアポイントを取る**のです。

つまり、その時間は、誰とも会わないということです。そして、バーチカル部分に作業時間を四角い囲みで目立つように区切り、その時間にやってしまいたいタスクを書き入れていきます。

ここからがポイントです。

やり終わった作業は、赤ペンで線を引いて消していきます。修正線のようなイメージです。

すると、仮にやり残した作業があると、それが気になって仕方がなくなりますから、やり忘れたり、後回しにすることが少なくなります。

実際にやってみると、作業項目がどんどん赤線で消されていくので、充実感も得られます。

これに加えて身につけてほしいのが、手帳を見る習慣です。

最も大事なのは、朝一番に手帳とにらめっこすることです。

出社したら、まずは手帳を見ながら今日1日をどう過ごすかイメージするのです。**この習慣があるかないかで、1日の仕事の生産性が変わってきます。**

「ブラインドタッチ」をマスターしよう!

施設長になると激増するパソコン仕事

現場介護職から昇進して施設長になると、まず面食(めんく)らうのは、パソコンによる作業が怒濤(どとう)のごとく増えることです。社内外を問わず、何にでもパソコンを使わなければ、仕事が進まなくなります。

そんな状態ですから、キーボードを見ながら、人差し指で1文字ずつ入力などしていたら、時間がいくらあっても足りません。パソコン作業が不得意な施設長は、まずここでつまずいてしまいます。

施設長に秘書やサポートスタッフがついていて、何でもそうした作業

第2章　まずは"武器"を身につける　**043**

をやってくれれば問題はないかもしれませんが、仮にそうだとしても、秘書はあなたの"分身"ではありません。

「方針」や「価値観」「性格」「クセ」などを把握して、あなたの求めるアウトプットができるようになるまでには、相当な時間がかかります。

このように、**施設長の１日の生産性や仕事の完成度は、パソコンの出来不出来や、入力するスピードにかかっていると言えます。**

ワード、エクセル（できればパワーポイントも）の基本的な操作法と、**ブラインドタッチ**（キーボードを見ないで文字を打つこと）をマスターすれば、作業効率が飛躍的に上がるでしょう。

パソコン操作とブラインドタッチの習得法

ワードやエクセルの基本的技術は、書店で販売されている教本で充分習得できると思います。学研から出ている「500円でわかる」シリーズは、よく見かけます。初心者でもわかりやすいので、基本から学ぶにはちょうどよいと思います。

また、ブラインドタッチについても、練習用CD付きの教本も1000円くらいで手に入りますし、ネット上の「マイタイピング（https://typing.twi1.me/）」や「寿司打（http://typing.sakura.ne.jp/sushida/）」など、無料のアプリケーションを使う手もあります。ゲーム感覚で練習できるのでオススメです。

私の場合は、「北斗の拳 激打（ほくとのけんげきうち）」というソフトを買ってマスターしました。すぐに飽きてしまって２日くらいしかやりませんでしたが、たったそれだけで、ブラインドタッチがほぼできるようになりました。

その後の生産性の向上や、そこから生み出された時間を考えれば、と

ても賢い投資だったと思います。

> **ショートカットキーでさらに倍速で仕事ができる！**

　私は、コンサルタントという仕事柄、かなりパソコンを使います。メールは1日50通以上。連載や本、業界誌の執筆もありますし、クライアントに提出する資料も作成しなくてはなりません。こうなると、施設長以上にパソコン操作に長けていなくてはなりません。

　よくお客様から、「こんなに仕事があって、よく本なんか書く時間がありますね」と不思議がられたり、「この業務量で、いつ休んでいるの？」「睡眠しっかりとれている？」と心配されることがあります。

　しかし現実に私は、ほぼ毎日、新幹線か飛行機に乗って出張し、年に50回以上の講演をしながらもクライアントの事業計画を作成し、パンフレットやホームページの原稿をライティングして、月に4本の連載をこなしています。

　しかも、50通のメールにも、遅れることはありますがしっかりと返答し、週末には2人の子どもと公園でサッカーをしています。

　こうした働き方ができるようになったのは、パソコンのマウスを使わなくなったことが大きく影響しています。キーボードからマウスに手を置き換える動作をなくしたら、飛躍的に作業効率が上がったのです。

　そのためには「**ショートカットキー**」を使いこなせる必要があります。

　ショートカットキーとは、キーボードの上のほうに並んでいるファンクションキー（F1～F12）や、同時に2つのキーを押すことでできる操作です。

　参考のために、私がよく使うショートカットキーをお教えしましょう。

Ctrl+C	ドラッグ（左ボタンを押しながらマウスを動かす動作）したものをコピー
Ctrl+V	コピーしたものをペースト（貼りつけ）
Ctrl+X	カット（切り取り）
Ctrl+A	すべて選択
Ctrl+Z	元に戻す

　ショートカットキーは、OSやパソコンの設定によって、異なる場合があります。
　例えば、Macの場合には、「Ctrl」キーがありません。その代わりに「Comand」キーを使います。
　また、ワードかエクセルかによって、多少の違いもありますが、ここに書いた5つは汎用性が高いので、まずはこれにチャレンジしてみましょう。

「メール」のマナーを守ろう！

施設長からのメール、その実態とは？

　介護業界では、「名刺の渡し方」や「お辞儀」「身だしなみ」「（お客様や上役と乗る場合の）タクシーの座席」「電話のとり方」など、「社会人の基本」を学ぶ機会が少ないようです。
　残念なことに、施設を訪問した際に、応接室で、客である私を出入口に近いところに通す方もいますし、名刺を逆向きに渡されることもたびたびあります。

日常業務では名刺が必要ない職種の方もいますから、わからなくもないのですが、**業界全体の社会的地位を向上させるためにも、ぜひ「マナー研修」は各社でやってほしい**と思います。

　施設長になるような人物であれば、名刺交換などの社会的マナーはクリアしているかもしれません。しかし"メールのマナー"となると、話は別のようです。**私宛にいただくメールの中には、一般的に"失礼"にあたるようなものが多々あります。**
　例を挙げると、携帯のメールやLINEなどをよく使うせいでしょうか。「宛名」や「署名」がないものは本当に多く、施設長だけでなく、経営者や役員クラスでも、できていない方がたくさんいます。
　アドレスを登録していない方から「署名」のないメールが送られてくると、誰からのメールかさっぱりわからず当惑します。
　ほとんどのメールは、アドレスにある文字列と本文の内容から推測できますが、Gmailなどのフリーアカウントからのメールではまったくわからないケースもあり、本当に困ります。

　相手が私ならまだよいですが、お客様のご家族や、関係機関に送るメールで同じことをしたら、大恥をかくことになります。
　「こんなこともできない人が、施設長をやっている施設って大丈夫？」と、不信感につながることもあるでしょう。そうならないためにも、この機会にしっかりとマスターしましょう。

これだけは守りたいメールのマナー

　まずは"基本のキ"からです。

> - □ **To**（メインの相手）、**CC**（一応知らせておきたい相手）、**BCC**（一応知らせたいが、その人に送ったことを他の人に知られたくない宛先）を使い分けている
> - □ 「**件名**」がわかりやすい
> - □ 本文冒頭に「**宛先**（会社名、部署、役職、〇〇様などの敬称）」がある
> - □ 簡単な「**挨拶文**（「お世話になっております」等）」から始まる
> - □ 「**署名**」がある
> - □ 特殊な文字フォントは使わない

　これらは最低限やってもらいたいです。
　この6項目に加えて、私がメールを送るときに心がけていることがあります。相手がスマートフォンなどで読むことを想定して、**短くて簡潔な文章にする**ようにしているのです。
　以下の4点は、押さえておくとよいでしょう。

> - □ 1行の「**文字数**」が最大で30文字程度
> - □ 3～5行おきに1行空けて「**段落**（かたまり）」をつくる
> - □ 重要な部分は「」や〈〉を使って強調
> - □ 要件をいくつか伝えるときは「**箇条書き**」にする

　ただ、メールを送る際には、このようなマナー以上に、もっと大事なことがあります。
　それは、**"メールで伝える内容か"を判断する**ことです。
　最近は、スマートフォンの普及により、メールだけでなく、LINEやFacebookのMessenger機能を使って、どこでも誰とでも簡単に連絡が取り合えるようになりました。

私の会社でも、社内のやりとりはほとんどLINEですし、付き合いの長いクライアントとの連絡も、Messengerなどを日頃から使っています。

　だからといって、大事な要件や急いでいる場合などに、メールを使うのは良策とは言えません。クレーム対応の連絡だったらなおさらです。
　メールでは、細かなニュアンスや気持ちを正確に表現できません。誤解を受ける可能性もあります。かえって問題をこじらせることにもなりかねません。

　メールを送る前には、「これは電話のほうがよいのでは？」「この案件は会ったときに顔を見て話そう」「この情報は、一刻も早くLINEで伝えたほうがよさそうだな」と、一呼吸おいて考えましょう。
　それは、社外だけでなく、社内でも同じです。
　よくスタッフに改善を促したり、行動を咎めたりする際にメールを使う方がいますが、これはあまりオススメできません。意図がうまく伝わらず、不信感につながることもあります。
　ショートメールやチャット機能を使う際は、便利な分、マナーや使い方に注意しましょう。

04　会社用スマホを持とう！

会社用携帯を持つメリット

　SNSがなければ、ビジネスができない時代となりました。
　アメーバブログ、LINE、Twitter、Facebook、Instagram……。いろ

いろありすぎて使いこなすのが大変ですが、特に新卒の採用には、こうしたツールを使うことが有効な手段となっています。

しかし、それらを施設長個人の携帯電話で行うとしたら、個人情報保護の観点で問題があるかもしれません。

電話代にしても、最近の通話料は定額の場合が多く、どこまでが私用でどこからが仕事で使った分になるのか、判断に迷います。仮に、会社の仕組み上、費用の請求ができたとしても、経理業務が煩雑になります。

そこで、施設長にはぜひ、法人携帯を個人のものとは別に持っていただきたいと思います。

まずは、施設長が常時、会社用の携帯電話を持つメリットを考えてみましょう。

1）**経費節減につながる**
2）**（スマホや携帯を使って業務ができることで）効率化できる**
3）**経理業務（個人立て替えや請求作業など）が軽減できる**
4）**ルールを適用しやすい**
5）**緊急連絡先として活用できる**

特にスマホを導入できれば、**携帯用のパソコンを持ち歩いているのと同じことですから、外出が多い施設長ほどメリットは大きくなります。**

一方、デメリットもなくはありません。

「個人用」と「会社用」の2つの電話を持ち歩くことになりますから、面倒にはなります。充電の手間も倍になります。また、個人情報の入ったスマホを持ち歩くことになりますから、当然、紛失リスクも大きくは

なります。

　そこで、施設長用だけでなく、ケアマネジャー、相談員が持つ場合もそうですが、以下のようなルールは設けておく必要があります。

> ＜携帯導入時のリスク対策＞
> □ "セキュリティ対策"をしっかりと行う
> □ 紛失したときの対応策を"マニュアル化"する
> □ 首かけ"ストラップ"をつけて紛失を防ぐ
> □ "使用ルール"と"利用範囲"を決める（使ってはいけないケースを明確にする）
> □ ルールを破った場合の罰則を決める

　これらは、あなたを守るためでもあります。
　他にも、あなたが休みのときに連絡を取ってよい用件と、そうでないものと分けておくことも忘れないでください。
　しっかりと休息を取るための大事な作業です。

SNSを活用した情報発信を！

　スマホが導入できたら、日常的な電話、メールでのコミュニケーション以外に、FacebookやTwitter、Instagramの法人用アカウントを取得してほしいと思います。
　SNSで言えば、他にブログもありますが、ブログは文章量が必要なので、PC向きと言えます。
　3つの媒体の各世代の利用率は、総務省の最新データでは、次ページのようになります。ご覧のように、特に20〜40代に向けて発信するチャネルとしては効果的で、求人に使う法人も増えています。

	Facebook	Twitter	Instagram
20代	54.8%	59.9%	45.2%
30代	51.7%	30.0%	30.3%
40代	34.5%	20.8%	16.0%
50代	23.5%	14.2%	12.3%
60代	10.6%	4.8%	1.3%

※網掛けは各年代でトップの媒体（総務省情報通信政策研究所「平成28年情報通信メディアの利用時間と情報行動に関する調査」）

　もし、複数のSNSを使いこなすのが難しければ、まずはFacebookだけでも始めましょう。余力があれば、Twitter、Instagramの順で実施するのがよいかもしれません。

　また3つの媒体は、リンクして同時配信することも可能です。

　これらを使ってやりたいことは、以下のようになります。

1）社員、関係者への「フォロー」依頼
2）パンフレット、チラシ等にSNSのQRコードを掲載して誘導
3）定期的（1週間に1回以上）配信
　　※以下のようなものをミックスして配信するとよい
　　□ イベント告知（就職説明会、レクイベント、社内行事）
　　□ イベント写真、コメント配信
　　□ 社内研修写真、テーマなどの配信
　　□ 社内懇親会・飲み会・スポーツ大会写真、コメント配信
　　□ 施設長の出張時の写真

　さて、このときに大事なのは「ハードルの低さ」です。

ビジネスライクな投稿は、こうした媒体にはマッチしません。気負わずに、日頃のスナップ写真に、短い文章をつけて配信しましょう。
　写真は、あなた自身やスタッフ、利用者の様子がわかる動きのあるものを心がけましょう。見ていて楽しくなります。
　ただし、個人情報には注意しましょう。

図2－2：実際に配信したFacebookの写真

アカウントの取得方法、操作方法はここでは詳しく書きませんが、簡単に取得することができます。
　もしわからなくても、これだけ普及していますから、日常的に使っている方がスタッフの中にいるはずです。ぜひ、若いスタッフにサポートしてもらいましょう。
　また、開始する際には、他社の事例を参考に、「**背景画像**」「**プロフィール**」「**自己紹介**」なども工夫してみてください。

05　施設長のカバンの中身

整理されたカバンを持とう！

「カバンの整理状態と仕事の段取り力は比例する」

　これが、たくさんの施設長と仕事をしてきた私の結論です。
　たまに「あれ、どこいった？」「確か、ここにしまったはずなのに……」と、やたらと重そうなカバンの中に手をつっこんで、ゴソゴソと探し物をする方に遭遇します。
　また、携帯電話をしまった場所がわからなくて、鳴っているうちに探し出せず、電話が切れるなんてシーンにもたびたび出会います。
　いずれも、あまりよい印象ではありません。

　たくさんの荷物を持っているにもかかわらず、重要な資料を忘れていたり、随分と古い資料が出てくるのを見ると、「この人、段取りが悪い

な」「仕事を任せて大丈夫かな？」と不安になります。

　そうならないためにも、**カバンの中は必要不可欠なものだけを残して、常に整理**しておきましょう。

　例として、ある敏腕施設長のカバンには、以下のようなものが入っていました。彼女の持ち物はいつでもコンパクトです。

　これらのうち、**文房具は意外と重いので、ペンケースの形状や中身も工夫**しましょう。

　例えば、ペン立てのように立てられるタイプのケースにして使いやすくしたり、ペンを何本も持つのではなく、「多色フリクションペン」と「油性ボールペン」の２本にしぼり、修正液もテープ型の小さなものを選ぶなどすれば、持ち物を減らすことができます。

```
＜カバンの中身＞
□ 名刺
□ 手帳
□ ノート
□ 施設リーフレット（数部）
□ ペンケース（文房具）
□ クリアケース（付箋、シャチハタ印）
□ 化粧ポーチ
□ 手指消毒用ウェットティッシュ
□ 携帯充電器
```

　また、カバン選びにもポイントがあります。

　購入の際には、次ページの点を検討してみましょう。

<カバン選びのポイント>

肩掛け	訪問先で、急にお客様を介助することになっても、肩にかけて両手をあけられる
開口部	大きく開くことができれば、中身を探しやすい
自立	訪問先で床に立てることができ、置き場に困らない
サイズ	A4の書類、ファイルを折り曲げずに入れられる大きさ
ポケット	必要なものがすぐに取り出せるように「仕切り」や「ポケット」があるもの（入れる場所を決めておくことが重要）

　こうした点を考慮して、**私は「ブリーフケース」か「トートバッグ」をオススメします。**今は、女性向けのビジネスバッグも、いろいろなものが販売されています。

　このように、機能面は重要ですが、ファッション面も忘れてはいけません。相手にどのような印象を与えるかを考えることや、服装に合わせることも重要です。
　そういう意味では、ボロボロに擦(す)れたカバンを持つなどは、言語道断(ごんごどうだん)です。
　また、少しでも自分が気に入ったものを使うほうが、持っていて気分がよいものです。施設長になった自分へのご褒美(ほうび)に、ちょっと高価なものを奮発して購入するのもよいと思います。

06 「名刺」を工夫しよう！

コミュニケーションツールとしての名刺づくり

「会社名」「氏名」「役職」「連絡先」など、**最低限の情報しか書かれていない名刺をもらうと、「もったいないな」と感じます。**よほど特徴がある方でなければ、まったく記憶に残らないからです。

もちろん、私のように、年間2000人と名刺交換をするという方は少ないかもしれません。しかし、そうでなくても、**白地に黒い文字で書かれただけのシンプルなデザインの名刺は、まったく印象に残らないでしょう。**だいたいこのような名刺では、後日、顔と名前を一致させるのも難しいと思います。

施設長は、施設内の"マネージャー"だけでなく、お客様の家族や居宅などの関係業者、地域に対する"窓口"であり"渉外担当者"でもあります。それに、「地域包括ケアシステム」が重視されるこれからの介護業界では、**他事業者との連携も、施設長の重要な役割**と言えるでしょう。

そんなときに欠かせないのが「名刺」です。うまく工夫すれば、こうした方々とのコミュニケーションツールとして、大きな武器となります。

特に営業などの経験がない方は、こうした方々と初対面のときに、名刺を渡すだけで会話の糸口ができれば、これほど嬉しいことはないはずです。ぜひ、会話がはずむ名刺を持ちましょう。

まずは「形状」からです。

これまで、いろいろなタイプの名刺をいただきました。板ガムサイズの小さなものや、会社のロゴをかたどったものもありました。A4サイズのどでかい名刺をもらったときには、びっくりしました。

最近では、折り加工の名刺も増えています。2つ折り、3つ折りだけでなく、8つに折り畳んだものもありました。中を開くと広告のようになっていて、とても印象的でした。

ただ、私は**ノーマルサイズで、折り加工のない名刺をオススメします**。なぜなら、ほとんどの方がもらった名刺を「名刺ファイル」や「名刺管理アプリ」で管理しているからです。

通常サイズより大きいと、名刺専用フォルダーに入りません。A4サイズをもらった際には、収納に困って社名と名前の部分だけ切り取った記憶があります。

逆に、小さすぎてもスルッと落ちてしまいます。

折り加工のものは厚みがありますし、フォルダーに入れてしまうといちいち取り出さなければ内面が見えませんから、あまりこうした管理方法には適しません。アプリで管理する場合でも、うまく画像の読みとりができません。

そうした理由で、55mm×91mmの標準的なサイズの名刺を使ったほうがよいと思います。

さて、名刺に掲載してほしい内容ですが、次ページのような項目を検討してみましょう。

<名刺コンテンツ>

会社情報	ロゴ、会社名、住所、電話、ファックス、URL、QRコード
運営施設	会社が運営している施設名、業態、電話、ファックス
施設情報	施設名、住所、連絡先、施設写真（イラスト）
個人情報	部署、役職、氏名、資格、メールアドレス
会話の糸口	似顔絵、誕生日、血液型、出身地、趣味、あだ名（キャッチコピー）、活動内容

　これらをすべて載せるという意味ではありません。名刺サイズに載せられる情報はそれほど多くはありませんから、「利用目的」を明確にし、何を掲載するのが最も有用かを考え、取捨選択して制作しましょう。

　特に「会話の糸口」の部分は、あなたを印象づけたり、自然と会話につなげるために、名刺交換のシーンを思い浮かべながら考えてみてください。

　そうして選んだ情報を、「表面と裏面を使ってどう配置するか」や、「文字、図などの大きさにメリハリをつけて、伝えたいことを強調する」ことも検討しましょう。

　また、新しく施設をオープンする際や、求人のためのイベントなど、力を入れている行事があるときには、それを前面に出した"期間限定名刺"をつくってもよいと思います。

　例えば、私のクライアントには、次ページの図２−３のような名刺をつくるようにアドバイスしています。

　このときは、「オープン日」「業態」「定員」「特長」なども、掲載するとよいでしょう。

図2-3：施設長の名刺・見本（表と裏）

「スタッフメモ」をつくろう！

"超労働集約型"の介護業界

　介護現場は、施設長のあなたと、現場スタッフとの間の信頼感で成り立っています。
　信頼感の基本となるのは"お互いを知ること"に他なりません。相手の得意なこと、苦手なこと、価値観などをよく知るからこそ、そこに信頼感が生まれます。
　相手を知るためには、相手に関心を持つことが必要です。それによって、表面的には見えなかった長所や魅力を知ることができます。

しかし、相手のことを知ろうとすると、介護業界ならではの特殊性が、それを邪魔します。何らかの対策を講じなければ、決してスムーズにはいきません。

　まずは、あなたが知るべき相手（対象数）の数です。介護サービスは「人が商品」と言われますが、それくらいスタッフをたくさん抱えないと、運営ができません。
　例えば、特別養護老人ホームでは、利用者3人に対して1人の介護スタッフの配置が義務付けられています。
　しかし、重度者が多い現場では、その人数では運営が困難なため、中には利用者とスタッフの割合が1.5対1という施設もあります。
　これと比較すると、病院などでは最も手厚い配置の病棟でも、患者7人に対して看護師1人というのがルールです。
　もちろん、特養にせよ、病院にせよ、介護スタッフや看護師以外の職種がいなければ運営できませんから単純に比較はできませんが、2倍以上の開きがあることは確かです。

　この表現だと、まだピンとこない方もいるかもしれません。
　では「売上」に対する「スタッフ数」で、他業界と比較してみましょう。

　私がよく知る注文住宅メーカーは、年商がおよそ10億円です。社員数は、営業や事務スタッフなど、すべて含めて22人。コンビニだったところを事務所兼ショールームにして経営しています。
　一方、特養、デイサービスなどを複数展開しているある介護事業者は、年商は同じく10億円ですが、スタッフが290人います。もちろん、正職員だけでなく、短時間勤務のパートも含めた数ですが、その差はな

んと13倍です。

　私は、コンサルタントとして専門を介護業界にしぼる前は、観光、飲食、小売、不動産、農業など、さまざまな業界のサポートをしていましたが、正直、**こんなに人を集めなければ成り立たない業界は見たことがありません。**

バラバラの価値観がぶつかり合う現場

　少子化のさなかに、これだけの人を集めて運営するのが介護事業ですが、他業界と比べて"特殊"なのは、それだけではありません。

　クライアントの現場を訪ねると、よくスタッフ同士が「この利用者には、こんなケアがいい」「いや、こうすべきだ」と激論しているシーンに立ち会います。これは、言い争っているわけではありません。介護サービスを提供するうえでは大事な作業の1つです。

　私は「**介護サービス**」**は"幸せ探し業"である**と思っています。介護スタッフの役割は、要介護であるお客様が自立した生活を再び送れるように支援したり、生活面で補助が必要な部分をサポートしたりすることですが、これは同時に、要介護になってしまった後のお客様の"第二の人生"の"幸せ探し"をサポートしているのです。

　しかし、困ったことに、介護サービスを使うお客様は、急な発病などで障害を持つことになり、ゴールを見失っている方も少なくありません。また、認知症を患っているために、自分の要求をうまく表現できない方もいます。

　そのような状況で、お客様の"幸せ像"を推測しながらサポートするのが介護の専門職ですが、**介護職自身の"幸せ像"がそもそも十人十色であり、そう簡単にお互いの意見が一致することはありません。価値観のぶ**

つかり合いは起こるべくして起きているのです。

スタッフ情報を集めた「スタッフメモ」

　ここまでを整理すると、施設長であるあなたは、他業種以上にたくさんの部下をマネジメントしなければならず、しかも、価値観がバラバラの現場を一体化させることが求められます。
「信頼」の原点は"相手に興味を持ち"、"知る"ことでしたが、これだけ人数がいたら、あなたと相性が合わないスタッフもいるでしょう。興味を持てないスタッフもいるかもしれません。
　だからといって、あなたが関心を持たなければ、信頼は生まれないのですから、どんなスタッフであれ、熟知すべきです。

　そこで有効なのが「スタッフメモ」です。
　これは、100人の組織を1人でまとめる、あるスーパー施設長に教えていただいた手法ですが、今はそれをアレンジして多くの施設長に紹介し、喜んでいただいています。
　やることは簡単です。施設長であるあなただからこそ収集できる情報もあります。早速、ノートを買って「スタッフ1人1ページ」で、以下のような情報を書き留めていきましょう。

☐ 年齢　　☐ 生年月日　　☐ 出身地　　☐ 出身校　　☐ 趣味
☐ 仲の良いスタッフ　　☐ 仲の良くないスタッフ　　☐ 経歴
☐ 介護以外の資格　　☐ 家族構成
※ノートの紛失や情報の流出がないよう、保管に注意

　こうしたメモをつくっておき、**1対1のコミュニケーションの際に、**

その情報をもとに語りかけるのです。
　やってみると、そのスタッフとの距離がグッと近くなることを実感できるはずです。

08　「就業規則」を熟読しよう！

施設長として、あやふやなままではいけない

　施設長の多くが、スタッフの「労務管理」の一部を担っています。「労務管理」とは、主に以下のようなことです。

☐ 人材募集・採用・入社管理
☐ 配置・異動
☐ 教育管理
☐ 昇進・昇級・昇給・賞与決定
☐ 勤務シフト管理（公休管理）
☐ 福利厚生
☐ 残業管理（労働時間管理）
☐ 退職管理

　これらの実務は、事務長や人事担当者、経理担当者が行う場合もありますが、それらの管理は、施設長の仕事としている事業者が多いと思います。
　しかし、介護現場で勤務している間には、一切関わらない業務も多く、施設長になってはじめて行うという方がほとんではないでしょうか。

こうした業務にあたるとき、流れや作業内容を知っているだけでは不充分な場合があります。

例えば、パートを採用しようというときに、「週3回勤務の場合、社会保険が適用されるか」とか、「週4回になると、どうなるか」など、ルールを知らなければ判断に迷うことが多々出てきます。

また、365日営業の施設では、「月単位の変形労働時間制」を採用していることも多く、週休2日といっても、週によっては6日勤務になったり、4日勤務になることもあります。

夜勤などがあると、なおさらルールが複雑になります。1回の夜勤で、2日分を働く事業所も多いでしょう。

間違った認識のまま運用してしまうと、後で大きなトラブルにつながりかねません。責任が、現場監督者であるあなたに及ぶこともあります。

これに加えて、平成24年4月から、**労働法に違反した介護サービス事業者について、指定権者である自治体が、その指定を取り消しできる制度が施行**されました。実際に、取り消しになった事例もあります。

よくわからないまま運用することが、絶対にないようにしなくてはいけません。

就業規則の読み方

そこで、1度は会社や施設の「就業規則」「賃金規定」「育児介護休業規定」「退職金規定」などに目を通し、会社で定めたルールをしっかりと頭に叩き込んでほしいのです。

「就業規則」は、"常時10人以上の労働者を使用する"場合には、作成して所轄(しょかつ)の労働基準監督署に届け出る義務があります。

ですから、ほとんどの介護事業者では、それらが「ない」ということ

はありません。従業員への周知義務もありますから、閲覧はいつでも可能なはずです。

　規則や規定は、法律用語が並んでいて最初は面食らいます。「まったく理解できない」という方は、書店やAmazonなどを探せば、「労務管理」についてわかりやすく解説した本が、たくさん出版されています。
　イラストや漫画で書かれたものもあるようです。理解が進まない方は、そうしたものを一読することをオススメします。

「就業規則」を読む際に、注意点が２つあります。
　１つ目に、人から教えてもらう場合です。
「就業規則」を読むのは面倒ですから、前施設長や、実務を担当する事務スタッフ等から教えてもらえばよいと考える方もいると思います。
　ところがこれが曲者で、そもそもその人の認識が間違っているケースが多々あります。経営者の中にも、誤って理解している人がいます。だからこそ、１度は自分で目を通してほしいのです。
　２つ目に、「就業規則」を読んで、運用の間違いや不正に気づいてしまったときです。
　そもそも「就業規則」が整備されていないことや、実態とまったく違うこともあります。
　例えば、以下のようなケースは、介護業界では多いとされています。

・サービス残業が慢性化している
・３６協定（労働基準法第36条）で定めた「限度時間」以上に残業している
・パートに有休を付与していない

- 勤務シフトを、就業規則の記載内容を無視して運用している
- 給与、手当の実態が、賃金規定と合っていない

　さて、こんな実態を発見した場合の対処法です。
　私の経験では、こうした状態はすぐに是正できないこともあります。慢性的に人手が不足していたり、充分な利益が出ていないために、やむなくそのような運用をしていることもあるからです（だから仕方がないということではありません）。
　しかし、それを経営者にダイレクトに指摘すると、特に"やむなく"のケースでは、経営者との関係が悪くなるかもしれません。
　だからといって、あなたの立場では、それを放置するわけにもいかないでしょう。
　そのような場合は、**経営者や事務長などの意思決定ができる人に"相談"というかたちで持ちかけましょう。**
　問題点を指摘するだけでなく、「就業規則では（または労働法では）〇〇とあります。しかし、実際は△△となっている。人手不足や稼働率が低迷しているせいで、すぐには改善できないかもしれませんが、期間を決めて"段階的に"改善しませんか？」と、改善を提案してみることです。

「施設長手当」の賢い使い方

増えた給与の"使いみち"を考える

　施設長になると、手当が上がります。年俸制になり、大幅に増額する法人もあります。

上がった分を家計の足しにするのもよいですが、手当を原資にして、あなたの仕事の未来につながる"投資"を考えてみてはいかがでしょう。

　もちろん、給与が上がるといっても、嬉しいことばかりではありません。残業代がそこに含まれてしまう方も多いでしょう。同時に、責任も重くなりますし、業務範囲も広がりますから、支給額が増えたからといって、手放しで喜ぶことはできないかもしれません。
　手当の額が適当かどうかということは、役職に就いた誰もが1度は疑問に思うことです。かくいう私も、サラリーマン時代は、それでだいぶ悩みました。
　しかし、たくさんのスタッフを持つようになると、思い通りにならないことがたくさんあります。そのたびに、自分の至らない点や、知識不足にも、気づかされるでしょう。
　負担ではありますが、それがきっかけで人間的に成長することができますから、目に見えないメリットもたくさんあります。単に、手当の額と責任や業務負担だけで、天秤にかけるわけにもいきません。

　話を元に戻しましょう。施設長になると、給与が増えることは間違いありません。
　あなたは、その"使いみち"について、考えたことがありますか？
　もし、考えたことがなければ、この機会に1度、見直してみることをオススメします。

役職手当3分割運用法

　ここで紹介するのは、私がサラリーマン時代に、実際に行っていた方法です。

手当を3分割(といっても"等分"ではありません)して、それぞれを、以下のような目的のために使うのです。

家　　族	・家計の一部 ・家族に感謝するための外食や外出、プレゼント
スタッフ	・スタッフと飲みに行ったり、食事をする ・誕生日プレゼントを買う
個　　人	・セミナー参加費や本を購入するなどの自己研鑽(けんさん) ・エステやリラクゼーションなどの自分へのご褒美

　ここで私が提案したいのは、**あなたがいただく役職手当の一部は、あなたのもとで働いてくれているスタッフの手柄でもありますから、それを彼らに還元してはどうか**ということです。
　飲み会の際に、他のスタッフよりも多めに出したり、誕生日にプチギフトを買うなどしたら、施設長の株も上がるかもしれません。
　また、**自己研鑽や自分へのご褒美も、あなた自身の未来をつくるために不可欠な投資**です。
　言うまでもないことですが、家族のいる方は、給与の使いみちをあなたが勝手に決めてしまっては家庭不和の原因になります。
　実行に移すときには、夫婦間、家族間で充分に話し合って決めましょう。

　もし、施設長手当が充分でなく、「スタッフ」のための支出ができなかったら、経営者や経営幹部に経費使用の許可を求めてみましょう。

経営者に提案するときには"コツ"があります。
　介護業界の経営者は、自分で法人を立ち上げた創業者や、自分で出資して起業した"オーナー経営者"が多いのではないでしょうか。
　こうした経営者は"投資家"でもありますから、費用を支出するときの"効果"にはシビアです。
　投資家を説得するには、**かかるコストだけでなく、その額を上回る"メリット"をしっかりと提案するのが肝心**です。それができれば、たいていの経営者は、首を縦にふるはずです。

10　「単位」を暗記しよう！

現場を知らないからこそ「単位」を極める

　施設長の中には、現場経験がまったくないまま就任する方もいます。
　内部の事務部門や他部署から昇進するケースもありますが、異業種でマネジメント経験のある中途社員を採用して、いきなり施設長に任命するという、かなり乱暴な人事もよく見かけます。
　それだけ介護業界が人材不足ということでしょうか。単に"人手"というだけでなく、マネジメントスキルがある"人材"が、充分に育っていないということかもしれません（だからこそ、本書があるわけです）。

　こうした現場経験のない方が口を揃えて言うのは、「介護現場は難しい」「スタッフが全然、言うことを聞いてくれない」ということです。
　それはそうでしょう。**介護現場は"職人"の世界ですから、現場の経験値が低い施設長は、かなり苦労するはず**です。

スタッフたちには、「**現場のことを、何もわかっていないくせに**」という**不信感が心の奥底にある**ため、あなたの指示をいちいち疑ってかかるのです。

　しかし、今から現場の技術を身につけていったとしても、スタッフたちの信頼を得るまでには相当の時間がかかります。
　未熟なまま現場に出たら、かえって「ほら、できないじゃないか」と、不信感を増幅させてしまうかもしれません。
　とはいえ、知識がまったくないままであれば、施設長としての業務に支障をきたします。信頼関係が築けなければ、施設運営もままならないでしょう。

　そこで、**スタッフたちが得意なことは現場の彼らに任せ、苦手な知識をスタッフたち以上に勉強して身につけ、信頼を勝ち得る**のです。
　"苦手"と言っても、「財務」や「労務」といった、マネジメントのテーマではありません。あくまで「介護」の分野の知識を高めることで、あなたへの信頼を"つくる"のです。
　例えば、「**認知症**」や「**感染症**」の知識は施設長には**不可欠**なものですが、それを題材にした専門書は、どこでも簡単に手に入ります。
　大変奥が深いテーマではありますが、基本から応用までわかりやすく解説している良書も多く、**集中して２〜３冊も読めば、現場スタッフの平均値は超えられる**でしょう。

　また、「**介護保険制度**」について詳しく理解している介護職が少ないのが現状です。これもあなたにとって必須の分野ですし、**少し勉強すれば、現場職を凌駕できるテーマ**でもあります。

「**人員基準**」「**設備基準**」「**加算要件**」を知るだけでなく、「**単位**（点数）」や「**単価**（エリアごとに違う1単位あたりの額）」を暗記すると、経営的なこともスラスラと理解できますし、現場に的確な指示も出せるようになります。

監査対策にもなり、現場の職人スタッフだけでなく、相談員からも信頼されるきっかけになるでしょう。

話はそれますが、**介護職のみなさんが制度にあかるくないことは、業界にとっては恥ずべきこと**だと思います。

現場スタッフ向けの研修で、私はよく「利用者が、みなさんの施設を利用するのに、いくらくらい払っているか知っていますか？」と聞きます。それに対して、的を射た回答をしてくれる方に出会うことが、なかなかありません。

相談員やケアマネジャーなどは、制度を知らなければ仕事にならないので即答してくれますが、現場の介護職になると「答えられなくて当然」くらいの認識の方もいます。中には「要介護認定の受け方」すら、知らない人もいるのです。

お客様からいただいているお代金を知らずに、サービスを提供している（売っている）のですから、これはいけません。すぐに是正すべきです。

「介護保険制度」については、自らが熟知するだけでなく、基本的なことを現場スタッフに指導することも、あなたが施設長である間の重要なミッションです。

第3章

スタッフを"笑顔"にするマネジメント術

01 "やり方"より"あり方"

二代目が会社をつぶす？

「会社経営は99％がトップで決まる」という言葉があります。それだけトップの影響が大きいということを意味しています。

他にも「二代目が会社をつぶす」と言われます。実際には、二代目になって会社が大きく成長するケースもあるので、この言葉自体が正しいかどうかはわかりません。しかし、従業員が何千人もいるような会社でも、初代から二代目に代わった途端に業績が急上昇したり、逆に停滞することがあります。

このように、「経営資源」である「人（社員）」「モノ（商品・サービス）」「金（資金）」はまったく変わっていないのに、**たった1人、トップの顔が代わっただけで、とてつもなく大きな影響がある**のです。

同じようなことが、施設でも起こります。

施設長が交代すると、明るい雰囲気だった現場が急に暗くなったり、人間関係がよかったはずなのに派閥ができたりします。急に稼働率が下がることだってあるでしょう。

つまり、「経営はトップで決まる」というのは、経営者に限ったことではありません。**「施設は99％が施設長で決まる」**のです。

施設は施設長"そのもの"

では、「目指す方向性」や「経営手腕」がまったく同じであれば、違う人物が指揮しても結果は同じかというと、そうではありません。

想像してみてください。

例えば、A施設長は、誰よりも朝早く出社します。現場に頻繁(ひんぱん)に顔を出してお客様と接し、スタッフにもにこやかに声をかけます。
　一方、B施設長は、始業時刻ギリギリに出社して、事務所でムスッとしたまま表情も変えず、1日中、パソコンに向かっています。
　2人が現場スタッフに同じことを指示しました。果たして、同じ結果になるでしょうか？

　同じ結果にならないことは明白です。きっと、B施設長がトップに立ったら、まわりにいるスタッフは明るさを失い、そのスタッフたちの雰囲気が事務所から現場へと伝わっていくでしょう。
　声をかけづらいB施設長のもとには、現場からの報告が上がらなくなり、重要なことが見落とされるようになります。自(おの)ずと顧客満足度もダウンし、やがて稼働率にも影響していきます。それに耐えられず、辞めるスタッフも出てくるかもしれません。

　会社は経営者の"映し鏡"です。同様に、施設は、施設長の姿を映し出す鏡なのです。
　施設長の立ち居振る舞い、良いところ、苦手なところは、施設の長所や短所として反映されます。
　大事なのは"やり方(経営法)"ではなく"あり方"なのです。
　あなたは、施設長に任命された瞬間に、あなたに対するまわりの態度や見方が変わったことに気づいたと思います。
　今までは、何人もいる現場スタッフの1人だったかもしれませんが、今は"たった1人の"施設長です。みんながあなたを見ています。
　ですから、**施設長になったら、自分の"あり方"を客観視するクセをつけましょう。**

「現場が暗いな」と思ったら、あなたが暗いのかもしれません。「清掃が行き届いていないな」と感じたら、あなたのデスクの上がちらかっていないかをチェックしましょう。

まずは、"やり方"より"あり方"です。そこから始めましょう。

朝一番の"挨拶力"でコミュニケーションを！

コミュニケーションの3つのポイント

部下である現場スタッフから信頼されるための、最も大事なコツをお教えしましょう。

それは「1対1のコミュニケーション」を取ることです。

現場を"塊"としてとらえ、全員に向けて指示を発信するのではなく、1人ひとりに語りかける。これが大事です。

そして、その際のポイントは3つあります。

①「量」より「頻度」

年に1度くらいは、しっかりと時間を取って話すべきですが、日常的なコミュニケーションで信頼関係を築くためには、**1回1回の長さ、つまり話す「量」よりも「頻度」を意識することが大事**です。

最低でも1日に1回、話しかけてみましょう。

②「名前」を呼んで話す

心を通わすコミュニケーションの原点は、相手を「個」としてとらえることです。ですから、話すときは「名前」を何度も呼びかけることが

ポイントです。役職だけで呼ぶのもやめましょう。

　これは、夫婦間、親子間でも同じだそうです。

　旦那さんが「おい」「おまえ」と奥さんを呼ぶよりも、「名前」を呼んで話すほうが、奥さんは愛情を感じやすいといいます。

③ 仕事と関係のない話をする

　顔を見るたびに、「あれを頼む」「これをしてくれ」「あの件はどうなった？」と事務的な指示ばかりだったら、スタッフはあなたと顔を合わせるのも嫌になるでしょう。

　これは、営業するときもそうです。みなさんだって、会うなり売り込みが始まったら、「絶対に買いたくない」と思うはずです。

　いきなり本論に入るべきではありません。**まずは、仕事とは関係のない話をして"アイスブレイク"をする**のです。

　そのときに役立つのが「スタッフメモ」（63ページ参照）です。

　「趣味」や「特技」「家族構成」などを思い出し、それをネタに「昨日のサッカー見た？」「お子さん、今度、小学校だよね。ランドセル買った？」などと話しかけましょう。そうするとスタッフは、「施設長が自分のことに興味を持ってくれている」と感じます。

　この３つのポイントを実践すれば、スタッフとの距離は自然と近くなっていきます。

　しかし、それらを毎日、忙しい現場で実践するのは大変です。１日が終わったときに、「〇〇さんとは一言も話さなかった」と気づくことがあるはずです。

　そうならないために、ルール化してほしいことがあります。**朝一番の挨拶を大事にする**ことです。

<朝の挨拶例>
「○○君、おはよう！　昨日のワールドカップ予選、日本勝ったね！」
「○○さん、おはようございます。お子さん、保育園は慣れた？」
「○○さん、おはよう！　今朝は○○さんの車、ピカピカだね。洗車したの？」

　これで「頻度（最低1日1度）」「名前を呼ぶ」「仕事と関係のない話をする」の3つをすべてクリアできます。だからこそ、とにかく"挨拶力"を磨くのです。
　また、**この作業を続けていると、スタッフ1人ひとりに興味がわいてきます**。それが、お互いの関係構築だけでなく、そのスタッフの長所発見にもつながり、仕事を任せる際にも役立ちます。
　さらに、施設長業務に慣れてきたら、コミュニケーションの「量」も意識してみましょう。同時に「量」を増やすことができれば、「スタッフ満足度向上」「定着率アップ」にもつながります。

03　「失敗談」を積極的に語る

自慢話をしても尊敬されない

　コミュニケーションで大事なポイントが、もう1つあります。
　私がサラリーマンだった頃、一番嫌だったのが、上司からの自慢話です。
　居酒屋で飲みながら、過去の大型受注の話や成功談を誇らしげに語る

上司。「自分のほうが、立場が上だぞ」「おまえより優れているぞ」と部下にアピールしたくなる気持ちはわかりますが、部下としては本当に迷惑な話です。

　介護現場でよく耳にする自慢話は、「俺なんか、入社して1週間で夜勤をやらされたよ」「自分だったら、これくらいの人数（客数）なら1人でやれるよ」といった内容です。

　残念ながら、それを聞いて「施設長はすごい人だ」と尊敬してくれる人はいませんし、「施設長ができたなら、自分もできるはずだ」と前向きになってくれる人もいません。

　むしろ「施設長が優秀だからできたんでしょ」「私は施設長とは違うから」と、気持ちが遠ざかってしまうかもしれません。

"できなかった自分"を伝える

　施設長としては、部下より優秀なことをアピールしたくなりますが、そんなことは心配しなくても、みんなわかっています。

　スタッフとのコミュニケーションで大事なのは、「成功談」ではなく「失敗談」を語ることです。

　「若い頃、お客さんに失言して、激怒させてしまった」とか、「新人のときに、薬の名前がまったくわからなくて、毎日、先輩に怒られていた」のように**"できなかった自分"を伝えたほうが、部下であるスタッフたちはあなたに親近感を覚えます。**

　こういった内容なら、「施設長もそうだったのか」「自分も施設長のようになれるかもしれない」と、前向きにとらえてくれるかもしれません。

　また、プライベートの「失敗談」も効果的です。
「なぜか犬に嫌われやすくて、よく噛まれる」とか、「女性にもてなく

て、15回もフラれた」といった話をしたほうが、相手との距離は近くなります。

　私の場合、部下というよりはクライアントとの距離を近づけるために、「失敗談」を話します。

　コンサルタントというだけで、人から違った目で見られて緊張感を与えてしまうので、「同じ場所に５回行っても道を覚えられない」とか、「はじめて行く場所は、300m以上だったらタクシーで移動すると決めている」のように、救いようのない方向音痴であることを伝えると、相手は笑顔になってくれます。

　他にも「失敗談」を話すメリットは、これだけたくさんあります。

・親近感を抱きやすくなる
・虚勢を張らないところに、人間的な余裕を感じる
・面白い話なら、笑顔になれる
・相手が「自分も失敗してよいのだ」と素直になれる
・仕事の失敗談であれば、失敗から克服した方法を指導できる

　いかがですか？　ことさらに、自分を高く見せる必要はないのです。

「2つのスイッチ」を正しく使う

2つのスイッチ、どちらを押すか？

　スタッフと個々の関係ができたら、今度は現場のチームマネジメントに目を向けていきましょう。

チームが前向きで明るく、チャレンジ精神あふれる状態にするのがベストですが、そのためにはまず、あなた自身が「プラス発想」でなければいけません。

　新たなチャレンジをするときや、失敗したことを反省するときには、いつもあなたの前に「2つのスイッチ」が現れます。
「プラス発想」と「マイナス発想」のスイッチです。

図3-1：2つのスイッチ

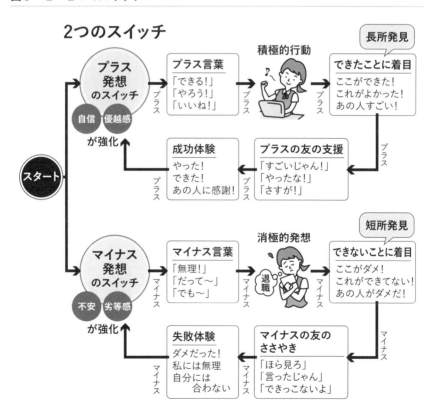

このスイッチを押し間違えると、結果は大きく変わってきます。

あなたが経営トップから、やったこともない仕事を急に任命されたとしましょう。
例えば、「今度の学会で、施設の取り組みを発表してほしい」と指示されました。あなたは「学会」に、聴衆として参加したことすらありません。

そのときに「プラス発想のスイッチ」を押して、「絶対にできるはず！」と思えれば、行動は前向きになります。
うまくやるために工夫し、その過程で少々の失敗があっても、「ここまでできた」と良いところに注目します。周囲のスタッフの何人かが、あなたの動きに感化されて動き出します。だんだんとその輪は大きくなり、「こんなやり方はどうか？」という提案も出てきます。
そのように取り組んだ結果は、仮に目指していたレベルに達しなくても、挑戦する前よりは、はるかに良い状態になるでしょう。
その「成功体験」は、あなたや周囲のスタッフの「自信」、そして「プラス発想」をより強化します。
もしダメだったとしても、「次からはこうしよう」という発見が、次のチャレンジの成功確率を高めます。

しかし、誤って「マイナス発想のスイッチ」を押したらどうでしょう？
「絶対に無理」という意識で始めたことに、力は入りません。
トップからの命令ですから、いろいろと試行錯誤はしてみるものの、"できていない部分"ばかりに目がいき、「できっこない」が口ぐせにな

ります。

「社長は、なんて無茶なことを言うんだ」とグチをこぼすと、周囲のスタッフも「どうせ無理ですよ」と、あなたのグチに同調します。積極的に協力する人はいません。結果は、うまくいくはずがありません。

その「失敗体験」は、あなたや周囲のスタッフの「劣等感」や「トップへの不信感」を強化していきます。当然、次のチャレンジにも影響します。

あなたがどちらのスイッチを押すかによって、組織に、そしてあなた自身にも大きな影響を与えるのです。

ですから、**「未来の挑戦」だけでなく、「過去の失敗」に対しても、「次にうまくやるための方法が見つかった」と「プラスのスイッチ」を押すことが大事**なのです。

「プラス言葉」を充満させる習慣と仕掛け

心の火を消すウェットブランケット

「ウェットブランケット（wet blanket）」という言葉をご存じでしょうか？

直訳すると「濡れた毛布」となりますが、実際には「しらけさせる人」のことを意味します。

濡れた毛布を火にかけると、消えてしまいます。同じように、人の気持ちが炎のように燃え上がっているところに、濡れた毛布をかけて消火してしまう人を「ウェットブランケット」というのです。

しらけさせるきっかけは、常に「マイナス言葉」です。

人がやる気になっているところに、「無理だよ」「どうせ失敗するよ」「そんな面倒なこと、よくやるよね」と、「マイナス言葉」をあびせ続けると、前向きな気持ちは、徐々に萎えていきます。

「マイナス言葉」は、あなたにとってもデメリットしかありません。

よく脳科学者が、「大脳は"二人称"を区別できない」と言います。

大脳は、「知性・情動の脳」と言われる大事な身体機能ですが、脳の中で、自分の言葉と他人の言葉を区別できないというのです。

ですから、あなたが他人に対して不平不満や文句を口にしたら、その相手は嫌な気持ちになりますが、あなた自身も、他人から言われたのと同じように嫌な気持ちになるのです。

使うのは「マイナス言葉」ではなく「プラス言葉」

あなたが「無理だ」「面倒くさい」「やってられない」と不平不満や「マイナス言葉」ばかりを発していたら、スタッフだけでなく、あなた自身の"前向きさ"も減退していきます。

前向きな集団をつくるためには、「プラス言葉」で充満させることが大事です。

そのためには、まずはあなたから「プラス言葉」を積極的に使うようにしましょう。

しかし、1点だけ注意が必要です。

現場の不満が頂点に達している状態で、「やれるよ」「大丈夫」「きっとうまくいく」などと「プラス言葉」を多用すると、「施設長は現場のことをわかっていない」と不満がさらに拡大します。

そのときは、プラス言葉の活用を少し抑えて、傾聴することを心がけ、傷を癒すことから始めましょう。

図3－2：プラス言葉とマイナス言葉

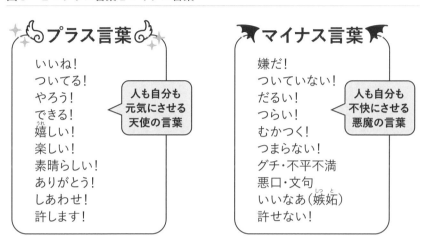

06 「一物を決める」チーム統率法

複数の目標を掲げることの弊害

　現場スタッフと近い関係を築き、さらに前向きな雰囲気をつくることができたら、今度は目標の達成を目指す組織づくりです。
　まずは、目標を掲げる際に、よくありがちな「落とし穴」から理解しましょう。

　多くの社会福祉法人では、毎年2月頃になると、次年度の事業目標を

決定します。そのとき、「入浴」「排泄(はいせつ)」「栄養」「レク」「リハ」「イベント」「環境」など、それぞれの委員会が目標を立てることが多いと思います。

　ここが「落とし穴」です。
「レクメニューを増やそう」「歩行訓練を充実させよう」「イベントはもっと盛大にやろう」といった各委員会が立てた複数の目標を、現場で、同時進行で進めることになります。

　しかし、介護現場は限られたスタッフで運営しています。
　例えば、ユニットケアの入所施設だったら、せいぜい５〜６人でこうした目標の達成に向けて動くわけです。
　にもかかわらず、いろいろなゴールを設定して、意識と力を分散させるわけですから、当然すべてが中途半端に終わります。達成できないことが常態化し、目標が形骸(けいがい)化するのは目に見えています。

「一物を決める」＝目標を１つに！

　こうした場合、小学校などの教育現場で使われている現場統率の方法が参考になります。

　小学校に入学したばかりの１年生は、授業を聞く態度もまだまだですし、クラスメイト同士で一緒に何かをする訓練も不十分です。
　経験値の低い先生は「あれをしろ」「これもやれ」と、同時にいろいろなことを求めます。しかし、社会福祉法人の例のように、複数の目標を立ててもなかなかうまくいきません。
　そんなとき、優秀な教師は、次ページのテクニックを使います。

<「一物を決める」教室運営術＞

> 【手順】
> 1）目標は常に1つだけ設定
> 2）例えば「登校したら、靴を揃えて靴箱に入れましょう」と決めたら、それをクラス全員ができるまで、徹底して指導
> 3）全生徒がそれをクリアしたら、「廊下は走らない」「机は揃える」といった新たな目標を、1つひとつ順番に設定
>
> 【効果】
> ・「目標」を達成するクセがつく
> ・1つのことをクラス全員で目指すため、「一体感」が生まれる
> ・全員がクリアできたら「成功体験」を共有できる

　つまり「一物を決める」とは、組織を一体化させ、目標を達成する文化を根づかせるために、「目標は常に"1つだけ"掲げましょう」ということを言っているのです。

"一物"にするもう1つのメリット

　介護保険制度のマイナス改定により、現場はギリギリの人員での運営を余儀なくされています。
　これに採用難が拍車をかけ、慢性的な人手不足の状態にあります。
　さらに、重度者対応や自立支援の重視を、加算などのインセンティブで誘導しています。これにより、"記録"などの現場業務が増える傾向にあります。
　現場の業務負担は、とてつもなく大きい状態にあるのです。

　この状況でいくつもの目標を掲げると、負担感がさらに増します。職

員満足度は、当然ながら下がります。離職者が増えるかもしれません。そうなったらますます大変です。

しかし、介護事業者同士の競争も激化していますから、サービス品質は高めていかなくてはなりません。

顧客満足度を高めることが、生き残りには絶対条件となります。人手不足だからといって、品質向上の手を休めることはできません。

だからこそ、**「目標」を手放すのではなく、1つにしぼり込んで、それにスタッフたちのパワーを集中させてほしい**のです。

そうすれば、そのテーマに関しては、他社に打ち勝つことができるはずです。

07　目標は小さく、成功体験は大きく

目標レベルは徐々に上げていく

目標を掲げても「なかなか達成できない」と悩む施設長は多いと思います。

そんなときは、「目標の設定方法」に問題がないかをチェックしてみましょう。

キーワードは「目標は小さく、成功体験は大きく」です。

目標が達成できない事業者をみると、**目指すレベルが高すぎて、スタッフたちが最初からあきらめている**ケースが多いように思います。

最終的なゴールを高く掲げるのはよいことですが、中間地点の目標は低めに設定して、徐々に引き上げていくべきです。

無理のない目標設定ができているか、ポイントをまとめました。

＜目標設定チェック＞

□ 具体的（クリアしたかどうかがわかる目標）か？
　▶「笑顔の多い施設」のような抽象的な目標はダメ。できるだけ目標を数値化する
□ 必ずクリアできるレベル（**小さな目標**）か？
　▶最初は低いレベルから始めて"勝ちグセ"をつけ、徐々に引き上げていく
□ 担当者（実行責任者）が決まっているか？
　▶メインとサブの２名体制がベスト
□「実施計画」は具体的か？
　▶アクションプランの設計が成否を分ける
□ 進捗(しんちょく)を確認しているか？
　▶アクションプランの１つひとつに「期限」があれば、それをチェック
□ 成功体験をみんなで喜ぶ場面があるか？
　▶大喜び（**成功体験は大きく**）がポイント

成功体験をしっかり喜ぶ！

　これらのうち、ほとんどの施設でできていないのが、最後の「**成功体験を喜ぶ**」ことです。
　誰でも、自分の仕事ぶりや成果を認められ、褒(ほ)められると嬉しいものです。「認めてほしいから仕事をしている」と言っても、過言ではないかもしれません。
　だからこそ、目標をクリアしたときは、担当者を賞賛したり、その実

行に関わった人を集めて「成功体験」を共有する場面が大事なのです。
　朝礼やちょっとした会議で、「○○さんが頑張ってくれたおかげで、目標を達成できました、拍手！」と発表する程度でも構いません。そのとき、どこがよかったのかを詳しく伝えると、さらによいでしょう。

　特別なプロジェクトを成功させたときには、ご褒美(ほうび)に飲み会を開催してもいいかもしれません。
　このとき、**ちょっと大げさに感じるくらいに喜ぶのがポイント**です。
　施設長であるあなたが喜ぶ姿を見て、「やってよかった」「次も頑張ろう」と感じてくれるはずです。
　それが「**成功体験は大きく**」の意図するところです。
　繰り返し、小さな目標を達成し、成功体験を積み重ねる。これが"前向き集団"をつくるきっかけになるのです。

08　目標は"理念"を添えて

「会社を辞めたい」と思う一番の理由

　数年前、私がプロジェクトリーダーを務め、大掛かりなアンケート調査を実施しました。関東地方で比較的大規模に運営している90の法人に協力を依頼し、1万人弱の介護職員から回答を得ることができたのです。
　アンケート調査の目的は、**"離職の理由"を突き止める**ことでした。
　人材不足が介護業界の大きな問題になっていますが、既存スタッフが定着しなければ、その問題はさらに深刻化します。

結果は以下のようになりました。

> Q「会社を辞めたい」と思うときの理由はなんですか？
> 　1位　経営者、施設長の方針に共感できない
> 　2位　上司、先輩、同僚、後輩との人間関係がうまくいかない
> 　3位　上司、先輩が丁寧に指導してくれない

　ちなみに「**休みがとれない**」は**5位**、「**給料が安い**」は**7位**という結果でした。
　つまり、**待遇面よりも「経営者、施設長の方針に共感できるかどうか」のほうが、現場スタッフにとっては重要**だということです。

　アンケートを行った施設で、さらに「方針に共感できない」と感じる理由をヒアリング調査してみました。
　その結果、**この数年で経営者、経営幹部の現場に対するメッセージが、徐々に「数字中心」になっている**現状がわかりました。
　競争の激化による利用者数減や、マイナス改定による収益性ダウンの影響は、とても大きなものです。介護事業における倒産企業数が過去最多になっているのも、そのせいでしょう。
　現場に新規利用者獲得目標や稼働率目標を設定して、それを求めるのは自然の流れと言えます。
　しかし、介護業界には、**不思議なくらい「数字」に拒否感を示す方が多いのが現実**です。
　それに、利益や稼働率のことばかり言うと、「うちの社長は"儲け主義"だ。私たちの給与はそれほど上がっていないのに」とか、「施設長は"福祉"の意味がよくわかっていない。これ以上、お客様を増やしたら、

今いるお客様がかわいそうだ」となります。

　離職はきっと、こういったところから始まっているのでしょう。

　利益があるから給料や賞与が上がるわけですし、利益が出て余裕があるからスタッフを増やして休みやすい環境をつくれるのですが、なかなかそこまで考えてくれる現場スタッフはいないのが実情です。

　経営層にとっては頭の痛い問題です。

「経営」と「数営」のバランスを

　こんな言葉があります。

「"経営"とは、経を営むことだ。"数営"になってはいけない」

　「数営」とは、数字を中心にして会社を営むことです。

　介護事業者がよく使う数字は、売上、人件費率、収支差率（利益率）、施設数、稼働率、利用者数、平均要介護度、客単価あたりでしょうか。「これらを"中心"にしてはいけない、中心にするから離職が増えるのだ」というのです。

　そうではなく、**どんな介護をして、お客様にどうなってほしいのか。どんな社会をつくりたいのか。それを"法人理念"として表現し、中心に置いて営んでいくべき**です。

　しかし、数字は大事です。経営者、施設長は、前述のような数字について、それぞれに明確な目標を立てるべきです。

　実行に移すのは現場スタッフですから、現場スタッフにも目標をしっかりと理解してもらい、一丸となって達成を目指すべきでしょう。

　私は「経営」か「数営」か、ではなく、両者のバランスを大事にすることが重要だと思っています。

例えば、経営目標を伝えるときも、以下のように工夫してみてはいかがでしょうか。

新規契約目標	数営…	「毎月、4名のお客様を獲得しよう！」
	経営…	**「我々の理念である○○な介護をもっと普及させて、よりみなさまに貢献していこう。**そのために、1カ月に"ファン"を4人ずつ増やそう！」
リピート目標	数営…	「1人あたりの平均利用回数を週3回以上にしよう」
	経営…	**「1週間に平均3回以上利用していただいたほうが、リハビリの効果が高い。**だから、利用回数の少ない方には追加利用をおすすめして、より元気になっていただこう！」

このように、数字の前に理念や顧客志向の言葉を少し添えるだけで、現場スタッフの共感度は劇的に高くなるでしょう。

大きな変化を起こすときの説得法

大きな変化には、大きなストレスを伴う

平成30年4月の介護報酬改定は、0.54％のプラス改定となりましたが、私は介護保険制度が始まった平成12年以来では"最大"の変更だと考えています。現場にとてつもなく大きな影響を与えるものです。

「自立支援」「医療的ケア」「介護ロボット」「共生型サービス」など、これまでそれほど重視されていなかったことが、一気に求められるよう

になりました。

　当然ながら、それに対応してスタッフの動き方も変えていかなくてはなりません。それも、マイナーチェンジではなく、かなり大きな変化を伴うものです。

　ストレスもそれに比例して、大きくなります。

　例えば、デイサービスセンターでは「レスパイトケアはダメ」という方針が打ち出されました。
「認知症や中重度の方に対応する」か、リハビリ職を中心に身体機能訓練をしっかり行って「自立支援を強化する」か、いずれかの道に進むべきという方向性が示されました。

　そうなると、例えば後者の道を選択するならば、生活支援を中心に行っていた介護職が、リハビリの中心的役割を担うようになるわけです。

　いきなり「リハビリをやれ」と言われても、戸惑うばかりでしょう。しかし、制度が変わったわけですから、やってもらわなければなりません。

論理的な説明ではダメ

　そのときに、施設長が「制度がこうなったんだから、こうしないと仕方ない」とか、「制度改正に対応しないと、報酬（点数）が落ちるからやってほしい」と、外部環境や制度の変化を理由にして"変わること"を指示しても、現場はついてきません。

　説明が論理的であればあるほど、スタッフの気持ちは遠のいていきます。それでは、大きなストレスを伴う変化に立ち向かう勇気がわいてこないのです。

大きな変化を起こすときには、手順があります。
「論理」ではなく、まずは「感情」に訴える。そしてそこに「意味づけ」をする。この順番で伝えると、とても効果的です。

例えば、「自立支援」の強化を選択したある施設では、リハ職1名、介護職2名の3名からなるプロジェクトチームをつくり、対象者を少人数にしぼって、理想とする機能訓練の試験導入をしました。
手順は以下のようになります。

> 1）利用者抽出
> 　▶回復へのモチベーションが高く、リハビリによる回復が短期で見込める5名の対象者を抽出
> 2）実施前評価（計測）
> 　▶身体機能を「タイムアップ＆ゴー」などで計測
> 3）リハビリ実施
> 　▶プロジェクトチームにより、今後導入したいリハビリテーションメソッドで訓練
> 4）中間評価＆最終評価
> 　▶身体機能を「タイムアップ＆ゴー」などで再計測

3カ月後、2名の対象者に目を見張る成果があらわれました。そこでスタッフ全員を集めて、成果発表のための「勉強会」を実施しました。
説明に使ったのは、身体機能計測結果の推移の資料と、実施前から実施後までを撮影した利用者の動画の2点です。
スタッフたちの目の色が変わったのは、その動画で、1人の利用者の様子を見たときでした。

「そういえば◯◯さん、立ち上がることすらできなかったよね」
「最近、杖(つえ)を使って歩いてない？」
「毎日、施設に来てすぐに『帰りのバスは何時だ？』って怒ってたよね」
「この前、カラオケ歌ってご機嫌だったよ」

そして口々に「すごいよね」「こんなに変わるんだね」と驚嘆しました。感情が動いた瞬間です。
こうなればチャンスです。
施設長は、タイミングを逃さずに「こんな利用者をもっと増やしたいよね」「介護保険制度も、自立支援をやるほうが、点数が上がる仕組みになった」「僕らがリハビリを頑張ったら、利用者はハッピーだし、報酬も上がる。頑張ろう！」と説明しました。
スタッフが納得したのは、言うまでもありません。

"やる気"にフォーカスしない

全員をやる気にさせることの難しさ

方針や目標を掲げて、それに向けて一体となって取り組もうというときに、なかなか"やる気"にならない人がいます。
前述のように、伝え方を工夫しても限界はあります。
施設長が「何とか前向きになってくれないか」と思う気持ちもわかります。私自身も経営者として、みんなが目標実現のために自ら考え、工

夫し、行動してくれれば、どれほど心強いだろうかと思います。

　そんなときは、こう考えてほしいと思います。
　第２章で「介護サービスは"幸せ探し業"」だとお伝えしました。
　その"幸せ像"は十人十色。だから、**１つの理念、方針、目標に、全員が共感し、熱っぽく取り組むというのは、そもそも難しい**、ということです。
　価値観を揺るがすような感動、恐怖などの非日常的な出来事があるか、あなたに"カリスマ経営者"のように、全員の心を動かすだけの熱いパッション（情熱）でもなければ、１人残らずやる気にさせることなどできないでしょう。
　まずその点を念頭に置いてほしいと思います。

「態度」ではなく「行動」を見守る

　方針、目標に共感させること、それを実施する目的、意義をしっかり伝えることが大事だということはわかっていただけたと思います。
　その次は、"やる気"や"前向きさ"という「態度」にフォーカスするのではなく、目標達成のために各々が「とるべき具体的な行動」に落とし込み、それをしているかどうかを見守り、サポートしてはどうでしょう。

　例えば、「経営＋数営」の法則に則（のっと）って「自施設の自慢の介護をもっとたくさんの人に受けてもらうために、１カ月に利用者を４人増やそう」と決めたとします。
　それを実現するためには、次ページのような「行動」が必要だとします（これらの「行動」は、あなたが１人で決めるのではなく、現場参加型で決めるべきだということを補足します）。

- ☐ 自施設の良さ（独自サービス）を伝えるパンフレットを**9月30日**までにつくる
- ☐ ファンである既存利用者の声を**5名**から集める
- ☐ パンフレットを使って、月に**10軒**の居宅介護事業所を訪問し説明する
- ☐ 地域に認知させるために、**3カ月に1度**、イベントを開催する

　これらの「行動」それぞれを担当する役割を決めておいて、それを計画通りに行ったかどうかを見守るのです。これが「態度」ではなく「行動」を見守るということです。

　見守った結果、**進んでいなかったら、"一緒に"その「行動」を邪魔するものを取り除いたり、前に進むためのサポートをする。進んでいたら、「小さな成功体験を喜ぶ」法則に従って「さすがだな！」とたくさん喜ぶ**。これできっと、前に進んでいくはずです。

11　スタッフの「辞めたい」に寄り添う

「辞めたい」と言われたら

　現場スタッフから「辞めたい」という言葉が出てきたとき、施設長のあなたはきっと「辞めさせてはならない」と考えるでしょう。現場はギリギリのスタッフで切り盛りしていますから、1人欠員が出たら大変です。それがきっかけで、現場の不満が大きくなり、離職の連鎖が起きたらピンチです。

　しかし、あなたの頭の中に瞬く間に広まった負のイメージのままに行

動したら、裏目に出るかもしれません。

そんなときは、私は２つのことをアドバイスしています。まずは、**そのスタッフと仲の良いスタッフにリサーチする**ことです。

しかし、辞めることをまだ誰にも言っていない可能性もありますから、ダイレクトにぶつけてはいけません。例えば、こんなふうに聞いてみたらどうでしょう。

「〇〇さん、最近、元気がなさそうに見えるけど、何か悩んでいるのかな。直接聞いても、なかなか答えてくれないと思うから、もし知っていたら教えてほしい」

そして、ある程度の情報（退職を希望する理由等）を仕入れ、どのように対応すれば離職が避けられるのか、"落とし所"を考えてから、**次に当人と１対１の面談をする**のです。進め方は次の通りです。

１）寄り添う
▶まずは「辞める」と言い出した理由を、決して否定したり、遮(さえぎ)ったりすることなく傾聴する

２）本音を聞き出す
▶事前に入手した情報をもとに、質問を重ねながら、１）では語られなかった"本音"を聞き出す

３）約束する
▶対応が可能な理由であれば、その人が不安なく働ける環境をあなたがどのようにつくるのかを丁寧に伝える。そのうえで、数日後に再面談したいと提案する

退職になったら

今の時代、転職活動は簡単になりましたから、転職先を探してから「辞める」と言い出す人も少なくありません。むしろ、そのほうが多数派となっています。

そうなったら、退職を回避することは難しくなりますから、あなたには"次につながる行動"を取ることが求められます。

原因を解決する	特に、信頼していたスタッフが辞めていく場合は、すぐに対策が必要
退職予備軍を把握する	スタッフアンケートや個別面談など、退職の恐れのあるスタッフをあらかじめ知るための仕組みを構築する

また、「会社の理念にどうしても共感できない」「介護の仕事を続けたくない」など、どうしても解決できない原因の場合もあります。そんなときは気持ちを切り替えて、今いるスタッフに意識を向けましょう。そして、補充スタッフの採用にすぐに着手しましょう。

第 4 章

あなたの力が試される業績・稼働率アップ術

01　行列ができる人気介護施設の共通点

どうすれば差別化できるのか？

　施設長になったからには、全国から「あの施設はすごい」と言われるような人気の施設にしたいものです。
　新聞やテレビ、業界誌に取り上げられ、同業者が見学に来るような施設となれば、社内だけでなく、地域でも、あなたの株はうなぎのぼりです。

　私の著書『あの介護施設には、なぜ人が集まるのか』『あの介護施設はなぜ、地域一番人気になったのか!!』（以上、ＰＨＰ研究所）は、いずれも「人気施設」を扱ったものです。
　そこでも書きましたが、**「人気施設」**には必ず**「独自性の高いサービス」**があります。
「そんな当たり前のことを」と思う方がほとんどでしょう。「経営」についての本を１～２冊読んだことがあれば、「差別化」と必ず書いてありますから。独自性を発揮できれば、人気が出るのはわかりきっています。
　しかし**「わかっているけど、できない」**というのが、**本音**なのではないでしょうか。

「しぼる」と集まる

　独自性を発揮するには、いくつかポイントがあります。
　その１つが**「一点突破」**です。よく言われる「選択と集中」ではあり

ますが、介護事業者もそれをすることで、さまざまなメリットがあります。

　例えば、山形県天童市に株式会社つるかめという会社があります。もともと在宅サービスでは驚異的なシェアを持つこの会社ですが、最近オープンしたデイサービスセンター「歩くつるかめ」はとても話題で、全国から同業他社の視察が絶えない施設です。施設名にも「歩く」とあるように、「歩行訓練」に特化しています。

介護予防センター「歩くつるかめ」　◆住所：〒994-0011　山形県天童市北久野本二丁目4-6

施設外観

施設内のカフェで行う歩行訓練の様子

　施設内には「50mの歩行コース」があります。それ以外にも、下半身を強化する機器があったり、専門職による歩行指導があるなど、自立して歩けるようになるためのリハビリにこだわって運営しています。
　要介護者に最も多いニーズが「歩くこと」だとよく言われますが、その点に特化したために人気施設になっているのです。

　このように、対象者やプログラムをしぼると「お客様が減るのでは？」と心配する方もいますが、そんなことはありません。

例えば「歩行」にしぼって運営すると、以下のようなメリットがあります。

<**"しぼる"メリット**>

- □「歩行」の**悩み**を持つ**お客様ばかりが集まる**（多様なニーズを持つ方が集まらない）
- □「歩行」**プログラム**に集中できる（レクやイベントなどに手を取られない）
- □「歩行」の知識にしぼって研修することで、短期間で**専門家集団**になれる（認知症、医療ケアなどの広範囲な勉強を後回しにすれば、集中的にプロを育成できる）
- □「歩行」の**成功事例**が増える（歩けるようになる方が増える）
- □ 成功事例の評判で**次のお客様が集まる**

お客様にとってもよいし、スタッフも"やるべきこと"をしぼるから集中できます。負担の軽減にもつながります。

これだけのメリットがあるわけですから、やらない手はありません。

私はコンサルタントとして、よく「人気施設請負人」のような言われ方をします。そう言ってくださるのは大変嬉しいのですが、実はしぼり込みの作業を、第三者としてサポートしているだけなのです。

02　「武器」を決めて磨き込む

最初は小さな「武器」を持つ

「独自性」というと、この業界が長い方ほど「独自のケアメソッド」

「独自のリハ方法」と「手法」に目がいってしまいがちですが、**技法、テクニックに凝るよりも「テーマ（分野）」をしぼるのが先**です。

しぼり方にもコツがあります。**ポイントは「力相応」**です。**あなたの施設の力量に合わせて、他社、競合施設に勝てる大きさにしぼるの**です。

競合施設と戦うための「武器」を選ぶ（テーマをしぼる）ときには、**最初は小さな分野から始めるべき**です。

例えば、以下のようになります。

１）リハビリテーション
　▶２）**軽度者向けの**リハビリテーション
　　▶３）軽度者向けの**身体機能訓練**
　　　▶４）軽度者向けの**歩行訓練**
　　　　▶５）軽度者向けの**楽しくできる歩行訓練**
　　　　　▶６）軽度者向けの楽しくできる**屋外歩行訓練**

（テーマが小さくなる　↓）

あなたの施設が、仮に「リハビリテーション」の分野で「武器」をつくるとします。しかし、「リハビリテーション」という大きな分野だと、大規模法人や病院などと戦うことになるので「地域一番」になるのは難しそうです。

ならば、**「これなら勝てる」と思えるまで、追いかける分野をしぼり込んで小さくしていく**のです。

対象者を「軽度者」に限定してはどうか？　「リハビリテーション」のうち、精神面は他社に任せて、うちは「身体機能訓練」に集中してはどうか？　その中でも「歩行訓練」に特化してはどうか？　という具合

にしぼり込みの作業をします。

どうでしょうか。「リハビリテーション」では、他社に勝てないかもしれませんが、「軽度の方向けの楽しくできる屋外歩行訓練」というところまでテーマを小さくすると、頑張れば勝てそうな気がしませんか？これが大事なポイントなのです。

「武器」はとことん磨く

「武器」が決まったら、いつでも戦えるように準備をしなければなりません。

テーマから導き出される具体的な取り組み・施策を考えて実行に移していきましょう。

社会福祉法人永寿荘が運営するデイサービスセンター「扇の森」（埼玉県さいたま市）では、「楽しく歩く」をテーマに、次ページのような"磨き込み"の作業を行いました。

デイサービスセンター「扇の森」 ◆住所：〒331－0071　埼玉県さいたま市西区高木602

施設外観

手すりを使った歩行訓練の様子

<テーマから導き出される具体的な方法・取り組み>

- □ 「**歩行診断**」のための評価スケールをつくる
- □ 屋内でできる「**歩行訓練メニュー**」を考える
- □ 楽しく歩くための「**設備・備品**（歩行用ポール等）」を購入
- □ スタッフ向けに「**研修**（歩行訓練・ポールウォーキング研修等）」を実施
- □ お客様向けに「**歩き方教室**（ポールウォーキング教室等）」を開催
- □ たくさん歩くとプレゼントがもらえる「**ご褒美システム**（ポイントカード、表彰システム等）」導入

　これらの取り組みの結果は言うまでもありません。地域では評判になり、待機者が出るほどの人気の施設となりました。
　「武器」を決めたら、とことん磨き込む。やはりこれが大事です。

03　導入と定着の3ステップ

「武器」導入の3ステップ

　これからオープンする施設に「武器」を持たせる場合は、白紙の状態から設備やオペレーションなどを考えることができるため、イメージしやすいと思います。
　しかし、すでに運営している施設の場合は、1日の流れができあがってしまっているので、導入に苦労するはずです。強引に行えば、スタッフだけでなく、お客様もついてこないと思います。

第4章　あなたの力が試される 業績・稼働率アップ術

既存施設で「武器」を導入するなら、次の手順で進めましょう。

> ステップ１：**プロジェクトチーム**を結成する
> ステップ２：対象者を限定して**試験導入**する
> ステップ３：実施手順をルール化する（マニュアル化する）

スタッフ全員で着手するのではなく、まずは**少人数の「精鋭部隊」**で**"武器づくり"**に取り組みましょう。個別に「目的」を話し、それぞれに明確な「役割」を与えます。

次に、その「武器」を最も必要としていて、かつ「武器」を使ったときに「成果」に結びつきそうなお客様を数人抽出し、限定的に導入します。

例えば、前述のような歩行訓練であれば「歩きたい」という願望が強く、さらに歩行能力が短期で向上しそうな方を選んで試験導入するのです。

実は、ここが重要なポイントです。まわりのスタッフ、お客様はプロジェクトチームの動きを見ています。試験導入で失敗すると「どうせうまくいかない」というレッテルを貼られてしまいます。そうならないように、**絶対に成功させる**のです。

お試し期間が終了したら、うまくいったことと失敗したことを整理し、**スタッフの動きをルール化**します。「**写真付きマニュアル**」を作成して、勉強会などを行うとよいでしょう。

その際に、試験的に実施したお客様の**成功事例**をしっかりと伝えましょう。

とにかく**新しいことをやるときは、スタッフの「共感」**が何より大

事。お客様の様子や、喜んでいる表情などをビデオで撮影し、動画で伝えるとさらに効果的です。

「武器」定着の3ステップ

ここまでいっても、新しいことを実施するときには慎重であるべきです。

定着するまでは、次の3つの段階を経(へ)るようにしましょう。

ステップ1：非日常…「行事」として実施する（例えば、歩行訓練ならば「秋のウォーキングイベント」など）

ステップ2：定　期…「毎月第3水曜日」「毎週木曜日」のように、低頻度で実施する

ステップ3：定　番(ていばん)…「毎日10時30分開催」のように、定番化する

最初に、「非日常」的にイベントを開催する際には、無理に成果などを求めないことです。

参加のハードルも低くして、たくさんのお客様に興味を持ってもらえるようなものにしていきましょう。

イベントで「面白そうだ」と思ってもらえれば、次の段階にいくのはそう難しくはありません。

そこから**少しずつハードルを上げて、低頻度で定期的に開催し、最終的には定番化していく**のです。

04 確実に「結果にコミット」する

8段階のハードルを設ける

　武器（分野）を決めたら、パーソナルトレーニングのRIZAP（ライザップ）のように、「**結果にコミット**」しなければなりません。

　結果（成果）が確実に上がるからこそ、あなたの施設にお客様は集まってくるのですから。

　しかし、介護施設のお客様は、心身の状態がそれぞれ異なりますし、高齢化に伴う心身機能の低下は避けられないところもあります。

　当然ながら、**個々に期待できる「成果」の大きさも異なります**。それでも、みなさんに「成果が上がった」と感じてもらわなければいけません。

　そこで、以下の流れで個別にハードルを設定し、その実現に向けて動くのです。

1）初期評価	**あなたの決めた「分野」におけるお客様の"現状"を評価**する。複雑な方法だと、現場で長続きしない。**ルーティン業務でできる方法**を確立すべき
2）短期目標設定	評価結果から、**確実にクリアできる「小さな目標」**を設定する
3）効果的なプログラム	専門性を発揮し、成果につながる効果的なプログラムを開発し、実施する
4）仲間づくりのサポート	お客様は、一緒に頑張る仲間がいると励みになる。仲間づくりができる仕掛けをする

5）成功体験を喜ぶイベント	「ポイントカード」「表彰式」など、中間地点での成果、「小さな目標」をクリアしたことを賞賛するイベントがあると、モチベーションが上がる	
6）中期目標設定	「短期目標」よりは高いハードルを設定する	
7）大成功事例の抽出	大成功事例（例えば「歩行」で言えば、立位が取れない人が自立で歩けるようになったなど）を抽出する	
8）スタッフ勉強会	大成功事例をビデオ撮影などして、スタッフ内で「なぜ驚くような結果が出たか」を事例検討し、プログラムをさらにブラッシュアップする	

 どうしても「武器づくり」となると3）の「効果的なプログラム」ばかりを意識してしまいますが、このように8つの段階に分けて考えると、より強い武器となります。

「科学的介護」に挑戦する

 平成30年4月の制度改正から、**科学的介護**が重視されるようになりました。
 これまでは、アセスメントするケアマネジャーや相談員、リハ職のスキル、経験によって、ケアプランやサービスごとの計画書の内容が、まったく違うものになることもありました。
 しかし本来は、**同じ心身状態、生活環境、ニーズであれば、誰が作成しても同じ計画書になり、現場で行われるケア、リハも、同じものになるべき**です。
 これを実践しようというのが「科学的介護」です。
 現在は、厚生労働省が主導して、さまざまな情報を各事業者から吸い

上げてビッグデータ化し、次の改正に活かそうと取り組んでいますが、「科学的介護」は、何も国レベルだけの話ではありません。

あなたの施設の中でも、仮に同様のニーズを持ったケースであれば、誰がアセスメントしようとも、同じプランがつくられ、同じケアを提供できるようにならなくてはなりません。

そのためにも**「利用者像」をパターン化し、それに見合った対応策をルール化**しましょう。最も成果の出やすい方法を導き出す必要があるのです。かといって、すべての過程をパターン化することはできません。細部は、個別対応が不可欠であることも補足しておきます。

05 ケアマネを「応援団」にして集客する

ケアマネ営業のポイント

最近では少しずつ、「看板」「ホームページ」や「チラシ」などを見て直接、施設にアクセスするお客様も増えてきていますが、いまだにケアマネジャーの力は絶大です。

地域のケアマネの心をつかむことができれば、次から次にお客様を紹介していただけます。

しかし、**居宅への訪問を「営業」ととらえると、たちまち"つらい活動"**となります。

私はもともと、旅行会社の営業マンでした。飛び込み営業をすると、その場で名刺を捨てられたり、うるさいハエを追い払うかのように扱われました。やりがいもありましたが、とてもつらい思いもたくさんしま

した。

　介護施設に就職したみなさんは、営業活動をしたくて入社したわけではないはずです。むしろ**「営業だけはしたくない」**という方もいるでしょう。

　いくら同業者への訪問だからといっても、気が進まないはずです。1度ケアマネに邪険にされたりしたら、「もう2度としたくない」と思うのも無理はありません。

　それでも、ケアマネとは密にならなくてはなりません。
　そこで、**できるだけストレスのかからない営業方法を確立しましょう**。
　そのためには、以下の4つのポイントを理解することが大事です。

① 営業は相手の貴重な時間を奪っている

　営業に行ったとき、相手があなたに対応している間は、相手の仕事の手を止めることになります。**できるだけ短い時間で印象を残すことが重要です。**

② 押し売りはダメ！ 有益な情報を提供する

「うちのサービスはこんなに良いです」「お客様を紹介してください！」と"押し売り"ばかりしていたら嫌がられるのがオチです。
　逆に**毎回、有益な情報を持っていけば、会ってメリットのある存在になれます。**
　有益な情報の例として、私は次ページのようなものを持っていくことをアドバイスしています。

- ☐ 改善レポート（前述の"武器"によるお客様の改善事例報告）
- ☐ お客様レポート（紹介していただいたお客様の写真付き状況報告書）
- ☐ 法改正情報レポート（法改正前年などは、制度改正の概略版を持っていくと喜ばれる）
- ☐ 地域の飲食店情報（ラーメン屋などの情報は、会話のきっかけになる）

③ 訪問先をしぼり、効率的な営業を！

そもそも紹介していただける可能性の低いケアマネを訪ねたところで、取り合ってもらえないことは目に見えています。「やっぱりダメだった」と思うような"失敗体験"が、あなたの次の一歩を踏みとどまらせるのです。

"失敗体験"を繰り返さないために、以下のように居宅介護事業所をABCでランク付けし、**紹介される可能性の高い事業所にしぼって、計画的に訪問活動をしましょう**。

＜居宅介護事業所のABC分類法＞

ランク	分類	訪問頻度	訪問タイミング
A	現在、お付き合いのある居宅	毎月	毎月1日
B	お付き合いはないが、紹介される可能性がある居宅	3カ月に1度	月中
C	競合する施設を運営していて、紹介される可能性が低い居宅	訪問しない	―

また、ケアマネに紹介してもらうためには、ケアマネがお客様と面談

するときに、**数ある施設の中から"最初に"思い出してもらう必要があります**。「知っている」だけでは、意味がないのです。

ケアマネの頭の中のリストで、常にトップを維持するために、ランクごとの適度な頻度で定期訪問をしましょう。

④ PULL型営業を実践する

「押してダメなら引いてみろ」と言います。行くばかりではなく、**施設に来ていただけるように工夫しましょう。**

例えば、ケアマネも参加できるイベントを実施したり、施設を会場に、外部講師を招いてケアマネにも有益なセミナーを実施するなどの方法があります。そうすれば自然な流れであなたの施設を訴求できます。

06 これだけはほしい！ 最強の販促ツール

稼働率アップのために絶対に準備したい4つのツール

ケアマネへの営業活動の成功率を高めるためには、**営業を担当するスタッフのスキルに頼らないことがポイント**です。

言い換えると、**誰が訪問しても効果が出るようにするべき**なのです。

また、限られたスタッフで運営する介護事業においては、**人手をかけずに効率的に販促・集客活動を進めることが欠かせません**。そのためには"優れた営業・販促ツール"を持つことが重要となります。

極端に言えば、**そのツールを使えば、自動的に集客できるくらいに、ツールの完成度を上げるべき**なのです。

最低限でも、以下のツールは準備しましょう。

ツール①　ホームページ

特に在宅サービスでは、ホームページは不可欠となりました。シニア層でも、インターネットで施設選びをする方が増えているのです。最近では、パソコンではなくスマホで検索する方も多くなっているので、しばらくリニューアルしていないサイトは、テコ入れが必要です。

利用法	・ 地域のケアマネジャーによる情報収集 ・ お年寄りのご家族による施設選び ・ 求職者による職場探し
特に重要なポイント	☐ レスポンシブデザイン（パソコン、タブレット、スマホなど、サイトを閲覧する機器に合わせてレイアウトが自動的に変わるデザイン） ☐ 施設の雰囲気がわかる写真 ☐ 充分な情報量 ☐ 読みやすいフォント（文字サイズ） ☐ SEO対策（検索順位を上げる工夫） ☐ 適度な更新

ホームページについては、ブログやSNSなどと連動するなど、奥が深いため、研究が必要です。

ツール②　リーフレット

持ち運びしやすい小さなサイズで、気軽に配れるツールがあると、既存のお客様にも紹介されやすくなります。オススメは、A4サイズの3つ折りで、少し厚い材質の紙を使ったものが良いと思います。突然のイベント時でも慌てることがないように、多めに印刷しておきましょう。

利用法	・ケアマネジャーが居宅訪問時に利用 　※持ち運びしやすい ・既存のお客様が知人に紹介 ・近隣の郵便局やスーパーなどに設置 　※置いてもらいやすい ・夏祭りなどのイベント時に配布
ポイント	□ キャッチコピーで「強み」をわかりやすく表現 □ 面ごとに、テーマを決めて情報を掲載 □ 地図、住所、連絡先をわかりやすく表示 図4-1：リーフレット・表面

ツール③　パンフレット

　どこの施設でもパンフレットは準備していると思います。しかし、施設開設時のものをいつまでも使っているところも散見されます。また、パソコン操作に慣れていない職員による手づくりのものもよく見かけます。こういうものは、かえって印象を落とす可能性があります。

　素敵なパンフレットがあれば、そこにかけたコストなど、すぐに回収できてしまいます。せめてパンフレットだけは、プロに依頼して、しっかりしたものをつくりましょう。**パンフレットの完成度によって、問い**

合わせ客の見学への移行率が大きく変わってきます。

　ある程度の情報量が必要であるため、A4サイズの縦型で、4〜8ページで作成するのが一般的です。

利用法	・電話、インターネット経由での問い合わせ客に郵送 ・ケアマネ、ソーシャルワーカーが資料として活用 ・見学客には配布
ポイント	□ 写真が極めて大事 □ ページごとにタイトル表示 □ お客様が知りたい情報（施設概要、受けられるサービス、1日の流れ、費用、契約までの流れ等）を網羅する □ 重要なテーマ（施設の強み）は見開き1ページで掲載 □ 専門用語を使わず、わかりやすく表現 □ どのような方にオススメの施設かを表示 ※「要支援1〜要介護5の方」といった記載だけでは不十分。「歩行に不安があり、リハビリによって改善したい方」のように、どのような悩みを持った方向けの施設かを伝える

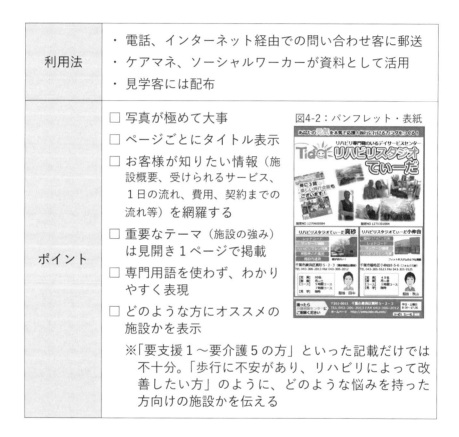

図4-2：パンフレット・表紙

ツール④　アプローチブック

　最後のアプローチブック。聞いたことがない方も多いと思いますが、実は"最強"の武器となります。後述しますが、**稼働率の高い施設と、そうでない施設の違いが出るのが、見学対応**です。その見学対応で力を発

揮するのが、このツールなのです。

　介護業界ではまだメジャーではありませんが、実は多くの業界で使われています。例えば携帯電話を買うとき、カウンターの販売員が冊子をペラペラとめくりながら説明してくれます。あれがアプローチブックです。

　このツールの目指すところは、**誰が話しても、効果的に説明できる**こと。そのために、話す順番に合わせてページネーションを工夫します。お客様が話を最後まで聞いたときに「利用したい」と言っていただけるように構成を考えるのです。何度もつくりかえて、完成度を高めたいところです。私がこれまでつくったものの中には、100ページに及ぶものもあります。相手がお客様ご本人か、家族か、ケアマネかによって、1冊で使い分けができるようになっています。

　通常は、A4版の穴あきのクリアポケットファイルを利用し、それさえあればいつでも対応できるように、準備しておきます。

ポイント	□ ページの順番にこだわる □ 1ページに2つ以上のテーマは掲載しない □ 文章は少なめに。写真、図、表で表現

図4-3：アプローチブック（左・表紙、右・中面）

通販化粧品に学ぶ"お試し商法"

お客様の心の動きを知るための仕掛け

　みなさんは高額なものを買うとき、慎重に品定めをするのではないでしょうか。

　介護サービスも同じです。みなさんが思っている以上に高級品ですから、簡単には決めてくれません。

　例えば、月額費用が介護保険自己負担を含めて20万円する老人ホームに、3年間住んだとしましょう。36カ月で720万円かかります。ベンツでも買えそうな金額です。

　デイサービスでも、要介護1の方がランチ込みで7時間利用すると、1回1500円前後。週に2回、3年間通ったら、1500円×2回×156週＝46万8000円となります。高額消費であることには、変わりありません。

　ましてや介護サービスは、しばらく前から飽和状態です。デイサービスセンターなどは、充足率が3倍を超えるエリアも少なくありません。

　このエリアでは、3分の2の施設はつぶれても、誰も困らないことになります。それだけ介護サービスは、世の中にあふれているのです。

　こうなると、お客様はいくつかの施設を天秤（てんびん）にかけて、自分に最も合ったところを選ぼうという気持ちになります。

　数ある施設の中から選んでいただくためには、パンフレットを凝ったり、ケアマネに強力に紹介してもらう程度では不十分ということになります。

そこで、お客様の心の動きに合わせて、以下のような"仕掛け"をしましょう。

お客様の心の動き	施設の活動	仕掛け
知る	施設の存在を知ってもらう	「知る」チャンスを増やす □ ケアマネ営業（紹介強化） □ ホームページ（検索強化） □ チラシ・広報紙
調べる	より詳しく知ってもらう	魅力的で詳しい情報を提供する ※気軽に調べられることが大事 □ ホームページ（コンテンツ強化） □ パンフレット（コンテンツ強化）
見る・試す	見学・体験して「利用したい」と思わせる	体験・見学を徹底強化する □ 見学会（相談会）強化 □ 見学対応強化 □ 体験利用促進 □ 説明用アプローチブック（コンテンツ強化）
契約する	スムーズに契約する	契約時の説明ツール強化 □ 担当者制 □ 契約補助ツール整備
安心する	利用後の不安を取り除く	契約後フォロー強化 □ 初回プログラム強化

これらの活動のうち、**人気の施設とそうでない施設で最も差がつくのは、「見学対応」や「体験利用対応」**です。
　お客様は、複数の施設を見学します。そこで、各施設をしっかり見定めます。そのときの対応が成否を決めるのです。

通販化粧品をモデルに

　みなさんは「ドモホルンリンクル」はご存じですよね。テレビコマーシャルで、1度は見たことがあると思います。
　メーカーの再春館製薬所は、この基礎化粧品で年間300億円近く売り上げています。そこまで成長した理由の1つが**「お試し商法」**です。
　この化粧品も「高額商品」の1つです。化粧品は、人によって合う、合わないがありますから、女性にとっては重要な問題です。
　ましてや、数百円で買えるコンビニコスメと違って、ドモホルンリンクルは2カ月分の薬用美白液で1万円ほどします。毎日使う消耗品で1万円を安いとはなかなか思えず、購入には慎重になります。

　そこで再春館製薬所では、3日間使える「お試しセット」を無料で配布しました。内容も豪華で、化粧落とし、洗顔、化粧水など、8点も入っていて「これが無料！」と驚くほどのセットです。実際の商品を試すので「買って失敗」はありません。
　車の試乗会や、会員制リゾートホテルの体験宿泊も同じですね。高額なものほど、充分に納得してから買いたいのです。

　また、みなさんは「**返報性の法則**」というのをご存じでしょうか？
　人は、何かをやってもらうと、その分だけ返さないと気が済まないという心理状況に陥（おちい）ります。そういう意味では、ドモホルンリンクルの

「お試しセット」は、「返さないと（買わないと）」と思わせるくらいの充実度です。

このように、「体験商品」にこそ、"魂"を込めることが大切なのです。

体験で「マジカルモーメント」をつくる

では、介護業界での「お試し」はどういった状況になっているでしょうか？

デイサービスセンターで言えば、見学時に施設に滞在する時間は、長くて1時間です。「体験」でも、せいぜい3時間から5時間でしょう。

有料老人ホームなどで、泊まりで体験する場合は、最長で6泊などというプランも見たことがありますが、1〜2泊が多いと思います。

この短い時間で「利用したい」と思わせなければいけないわけですから、滞在中、随所に仕掛けをしておくべきです。

東京ディズニーリゾートには、**「マジカルモーメント」**という言葉があります。言葉の通り「魔法にかかる瞬間」です。

ただ無計画に、館内を見て歩いて説明するのではなく「マジカルモーメント」、つまり**「行きたい」と心が動く場面づくり**を心がけましょう。

例えば、あるリハビリに特化したデイサービスでは、見学・体験コースの中に、必ず作業療法士などのリハビリ職が対応する時間を10分程度設けています。そこでは、以下の流れに沿って対応しています。

1）リハビリメニューの説明
2）ヒアリング（見学者・体験者の悩みの聞き取り）
3）成功事例シート（類似した悩みを改善したケース）の提示
4）リハビリプランの提案

このとき、4）の「リハビリプランの提案」では、「お客様の場合、週に2回来てグループでの運動に参加していただき、そのうち1回は、私と1対1で歩行訓練を行っていただけたら、お約束はできませんが、杖（つえ）なしで歩ける距離が伸びると思います」のように、**通所してほしい回数や、そこで実施するリハビリの内容までプレゼン**します。

すると、お客様も利用するイメージができるので、ほぼ100％の確率で契約してくださるそうです。

説明する順番やコースによって、契約率が大きく違うこともあります。

四国の高級有料老人ホームでは、上の階から見学する場合と下の階から見学する場合では、なんと契約率に6倍もの開きがありました。

対応者によって契約率に優劣がつかないよう、以下のチェックリストのポイントをおさえて理想形をつくり、「**パッケージ化（ルール化）**」してほしいと思います。

＜見学・体験利用チェックリスト＞

- □ お客様やケアマネが、気軽にオーダーできるように、**電話（フリーダイヤルがベター）、ファックス、メール、ホームページ入力**など、**複数の手段**がある
- □ **担当者が明確**で、オーダーを受けたら、すぐに返答できている
- □ 「**お客様情報シート**」を準備し、来所前に、お客様の情報をできるかぎり入手している
- □ 前日、確認すべき「**チェックリスト**」がある（送迎場所または交通手段、時間、人数など）
- □ 「出迎え」から「見送り」までの「**見学ルート**」「**説明箇所**」と、それぞれの箇所での「**目安となる滞在時間**」が具体的に決まっている
- □ 誰が対応しても、同じ対応ができるように教育している

- □「相談室」や「応接室」は、写真を掲示するなどして、**"そこにいるだけで「利用したい」と思わせる"ように演出**している（無機質な空間はダメ）
- □ 問い合わせ対応、出迎え時、館内説明時、見送り時のトークスクリプト（説明用原稿）がある

　これらの他に、デイサービスなどでは、「杖なしで歩けるようになるためには、**できれば週に３回くらい通っていただいて、ここで歩行訓練ができるといいですね**」のように、見学中に"利用頻度"を具体的にイメージできるよう、動機づけできればベストです。ただし、本来はケアマネが提案すべきことですから、その点は注意が必要です。

　また、契約直後から高頻度に利用すると、体調を崩してしまったり、場合によっては利用中止になることもあります。「最初の１カ月は週に２回から。２カ月目から３回にしてはいかがですか」のように、早期離脱を防止する提案もあるとよいでしょう。

08　稼働率を上げる奥の手！ リニューアルオープン法

リニューアルは最後の手段

　「何をやっても稼働率が上がらない」と悩んでいる施設に、奥の手としてやっていただいている活性化手法があります。題して「**リニューアルオープン法**」です。

　客足が落ちているショッピングセンターなど、小売業や飲食業でもよく使う手です。内外装を一新し、小売では売り場のレイアウトを、飲食

ではメニューをガラッと変えて、お客様を呼び戻そうというものです。それを、介護施設でやってしまおうというわけです。

しかし「リニューアル」をするとなると、それなりの投資が必要となります。"カンフル剤"に近いやり方ですから、まずは前述の方法を一通り実践してから、**「もうこれ以上、稼働率は上がらない」という最終段階で行うことをオススメします**。

ただし、うまくいっていないときに、大きな投資をするのは得策とは言えません。**少額の投資で、最大の効果を狙うこと**を意識しましょう。

以下に示す例は、**たった60万円ほどの投資で**、3カ月後には1日あたりの利用者を8.4人増やした事例です。客単価が8800円でしたから、月に26日営業だとしたら、月あたり約190万円、1年にしたら2000万円以上の売上増です。

＜リニューアル大成功事例（デイサービスセンター：定員30名）＞

事業概要	業態	デイサービスセンター	定員	30名
	サービス	入浴、食事、健康管理、運動など一般的な内容		
リニューアル前	【稼働率】62%（1日18.6人） 【お客様の月平均利用回数】6.8回 ・近隣に競合他社が多数開設し、稼働率が徐々に低下 ・サービスはマンネリ化し、これといった特長がない ・10年以上のベテランスタッフが多く、新たな取り組みに消極的			
実施事項	コンセプト	料理教室特化型デイサービス		
	実施内容	メニュー決定、買い物、調理、試食までの一連の流れをリハビリと位置づけ、毎日「10名限定・料理教室」を実施		

実施事項	スタッフ	栄養士兼介護職1名採用
	プログラム	1）家庭料理教室（週3回） 2）男の料理教室（週1回） 3）お菓子教室（週1回） 4）パン教室（週1回） 5）料理コンテスト（月1回）
	内装・設備	□ 料理教室ゾーン新設（一部、壁紙張り替え） □ キャビネット設置 □ 大型冷蔵庫（1台） □ 卓上型IHコンロ（3台） □ オーブントースター（2台） □ ホームベーカリー（2台） □ 調理器具（数セット） □ オリジナルエプロン（10人分） □ 食器（10人分）
	販促活動	□ パンフレットをリニューアル □ ホームページを加筆修正 □ ケアマネ対象に「リニューアル内覧会」実施（参加者52人）
投資額		60万円
リニューアル後 （3カ月後）		【稼働率】91％（1日27人） 【お客様の月平均利用回数】8.1回（＋1.3回） ・新規客が増えた ・お客様の利用回数が増えた ・顧客満足度が上がった ・スタッフのモチベーションが上がった

> **変身戦略**

　ここまでやっても効果が出ない場合があります。**"不人気"という評価が地域に浸透してしまっている施設**です。

　そんなときは、「施設名」まで変えてしまって、あたかも別施設に変わったかのように仕掛けることもあります。これを「変身戦略」と呼びます。

　ある神奈川県内の介護付き有料老人ホーム（41室）では、10年以上も前の職員による虐待事件が原因で悪い評判が立ち、稼働率は50％程度まで落ち込んでいました。親会社が赤字を補填（ほてん）して何とか運営していましたが、これ以上の赤字は耐えられないと、売却話が進んでいました。

　しかし、オーナーが「最後にもう1度だけ頑張ってみたい」と、800万円をかけて改修することとなりました。

　その際、**内部のリニューアルだけでなく、施設名やロゴも変更**し、それに合わせて**外壁を白基調からまったくイメージの違うダークグレーに塗装して、看板デザインも変更**しました。

　同時に、**ユニフォーム、名刺なども一新し、あたかも会社が変わったかのような演出**（＝工夫）をしました。

　その結果、改修4カ月後には、稼働率が損益分岐点の85％を超え、半年後には満室となりました。全部屋が埋まったのは10年ぶりのことでした。

第5章

忙しい現場を"楽"にする「引き算の運営」

01　現場に"引き算"が必要な理由

介護現場は"足し算"だらけ

「施設長、人手が足りないんです。あと1人、パートさんをお願いできませんか？」

現場にいると、本当によく聞くセリフです。きっとあなたも、日常的にそんな声を聞いていると思います。

確かに、今はどの施設からも「人手不足」を吐露する声が聞かれます。しかし、**求人に動く前に、本当にもう1人、採用すべきかを考えてみてほしい**と思います。

というのも、**スタッフを増やすことが、かえって現場スタッフの"不幸"を招くケースがある**からです。

あるデイサービスセンターでのことです。日中、5人のスタッフで運営してきました。しかし、残業が常態化し、スタッフの不満が日に日に大きくなっていたため、施設長は中途スタッフを1人採用し、6人で運営することを決断しました。

さて、スタッフの業務負担は軽減されたでしょうか？

答えは「NO」です。これまで、このような事例に何度も遭遇しましたが、「負担が減った」という話は、ほとんど聞いたことがありません。それどころか、また数カ月後には「人が足りません」と言い出すケースすらあります。

カラクリはこうです。第1章でも触れましたが、**スタッフが1人増えた瞬間に「今までできなかったこと」が実行されます。**

例えば、散歩の回数を増やしたり、新しいレクを始めたり、おやつの時間に出す飲み物の種類を増やしたり……。こうして1人分の仕事が新たに生まれ、5人分の仕事量だったはずが、瞬く間に6人分の量になるのです。

介護士の「お客様に喜んでほしい」「もっとしてあげたい」という"優しい気持ち"は素晴らしいのですが、それが引き金で、**サービスが"足し算"になる。**

つまり、**人手を増やしたことが、より忙しい現場を生み、更なる人手不足を招く**のです。

"決断"から"引き算"へ

何度もお伝えしていますが、売上に上限があるのが介護事業です。当然、「人件費」にも上限があるため、**介護事業は限られたスタッフ数で運営しなくてはなりません。**

お客様が求めるから、笑顔が見たいからと、サービスを次から次に増やすことは、あってはならないのです。

むしろ私は**"決断"**が必要だと思っています。"決断"とは「断つことを決めること」です。

つまり**「やらないことを決めること」**が、**スタッフの給与を増やし、現場負担を軽減するうえで大事**だと思っています。

これは、前章に書いた「サービスをしぼり、武器をつくる」ことと同じロジックです。

あれもこれもやるのではなく、**"やらないこと(現状維持すること)"**を

"決断"して、強化するサービスをしぼり、限られた人材、労力を集中させる。この考え方が、あなたには必要なのです。

ですから、もし残業が常態化しているのなら、人を増やして解決するのではなく、あれもこれもやろうとしていないかをチェックすべきです。

次に大事なのが"引き算(効率化・短時間化)"です。日常的な人手不足を解消し、現場の負担感を軽減するために、とにかく"引き算"の運営に徹するのです。

このとき注意したいのは、引き算の対象となるテーマ選びです。間違ったテーマを引き算して、大きな不満につながり、お客様が減っては意味がありません。

まずは以下のような視点で、その項目を"仕分け"するのがよいでしょう。

<"引き算"するテーマ>

1)バックヤード業務の「時間」と「方法」
□ 準備　　□ 清掃　　□ ミーティング・会議
□ 情報共有・申し送り　　□ 記録・データ入力・ファイリング
2)過剰介助・過剰サービスとなっているケア
□ 残存機能を奪う（過剰な）介助　　□ 過剰な安全対策
□ お客様でもできるサービス(やっていただいたほうがよいサービス)

今、行っている業務を、1つひとつ「引き算できないか？」という視点で、検討してほしいと思います。また、他の方法に置き換えることによって、劇的に引き算できることもあります。

機器の見直しによる"引き算"

　例えば、デイサービスセンターなどで施設到着直後に行っている検温ですが、腋下で測定するものを使っている施設が多いのではないでしょうか？
　しかし、この検温方法では、特に冬場は服のボタンを外したり、腋の下にしっかり入っているかを確認するなど、どうしても時間がかかります。最低でも1人3〜4分はかかっていると思います。

　これを私は、"非接触型"の機器に代替するようにアドバイスしています。非接触型なら、おでこに向けてボタンを押すだけで、1〜2秒で検温することができます。
　おでこの表面から放出される赤外線量で測定するため、多少の誤差は避けられませんが、それなりの機器を購入すれば大きなずれはありません。検温の結果、体温が少々高い場合のみ、腋下型のもので再検して、正確に測定すればよいのです。これで、1人3〜4分かかっていた検温が、数秒で測定できるようになります。
　お客様が30人いるとしたら、のべ90分以上（もちろん、同時に何人かを測定していますから、あくまで"のべ"ですが）。かなりの効率化ができます。

　また、同じくバイタルチェック業務で、こんな事例もありました。
　40名定員のあるデイサービスセンターでは、看護師が午前中いっぱいかけて検温を行っていました。私が「なぜそんなに時間がかかっているんですか？」と聞くと、彼女は「だって体温計が2つしかないんですから、同時に2人までしか測定できないんです」と即答したのです。
　思わず絶句してしまいました。体温計なんて高くても2000円くらい

です。すぐに施設長に頼んで5本買い足してもらいました。たったこれだけで業務効率が飛躍的に上がったことは、言うまでもありません。

これは極端な事例ですが、**機器を見直したり、買い足すだけで、現場業務が劇的に"引き算"できることもあります。**
ぜひ、過去の"常識"にとらわれずに見直してみてください。

これだけやればガラリと変わる! 簡単教育ツール

人手不足が採用基準の低下を招く

「うちを志望した理由を教えてください」
「家から自転車で通えるからです」

　採用面接の1コマです。さて、あなたが面接官だったら、この人を採るでしょうか?
　数年前だったら、絶対に内定を出さなかったと思います。面接の前に、ホームページを見て調べるなどして、嘘でもいいから「御社の○○という理念に共感したからです」くらい、言ってほしいですよね。
　私が面接官だったら、「家から近い」などと言われたら、「もっと近い会社があったら、そっちで働きたいってことですよね?」と、意地悪な質問を投げ返していると思います。

　しかし今は、プロフィールに問題がなく、コミュニケーションが"そこそこ"取れて、勤務時間がマッチしていれば、たいていは"採用"だと

思います。

　厚生労働省の「雇用管理改善事業」で委員を務めた際、さまざまな地域の有効求人倍率を調査しました。最も高かったエリアは（局地的ではありますが）"9倍"を超えていました。
　有効求人倍率が9倍とは、1人の求職者を9社で取り合っていることになります。1社は採用できても、8社は採用できないということです。
　このような状態では、人手不足になるのは仕方がありません。
　しかもこの状態は、一時的なことではありません。少子高齢化により、あらゆる業界が人手不足問題に直面しています。建設、物流、小売、飲食など、人手不足倒産も問題となっています。もはや、**介護業界で人材の取り合いをしている場合ではない**のです。

　そうなると、介護施設に義務づけられた「人員基準（スタッフ数基準）」を割ることはできませんから、無資格・未経験で、仕事に対する意欲が少々低くても、つまり、前ページのような人材でも採用するケースが増えてきます。**数年前だったら「不採用」だった人材でも、基準を下げて採用していかなければならない**こともあるでしょう。

　採用基準の引き下げは、その後の成長スピードにも影響します。
　これまでだったら、業務の手順だけを教えればよかったものが、手取り足取り指導しなくては、1人分の仕事量をこなせるようにならないのです。足りない分は、他のスタッフにしわ寄せがいきますから、余計に負担が大きくなります。
　つまり、**教育して早期に育成することは「最大の引き算」**とも言えるのです。

早期育成の敵は"職人さん"

　新人には、1日も早く一人前になってほしいですが、現場には残念ながら早期育成を阻（はば）むものがあります。それが"職人さん"です。
　みなさんは"職人"と言えば、どんな人を思い出しますか？　庭師や大工、料理人などがそうでしょう。
　では、ベテランの料理人は、新人の板前見習いに、包丁さばきや調理手順などを手取り足取り丁寧に教えるでしょうか？
　きっとそうではないですよね。

　高級店では、新人は板場に立つことすら許されないでしょう。ある店では、まずは洗い物や掃除、"賄（まかな）い飯（めし）"を担当します。こうした"下働き"をしながら、先輩の動きを観察し、残った料理をこっそり口に入れて味を確かめ、自分の技を磨くのです。
　数年かかってはじめて、出汁（だし）を取ったり、下ごしらえを任されるようになります。それが、立派な料理人になるための重要なステップとなっているのです。
　とても丁寧とは言えない指導法です。育つか育たないかは、新人次第。**"先輩の背中を見て育つ"に重きを置いているのが「職人的指導法」**です。

　この「職人的指導法」で育つのは、意識、志の高い人材だけです。特に目標もなく働いている人材では、このやり方での成長は期待できません。「教えてくれない」と不満を持ち、やりがいを感じることもなく去っていくのが関の山でしょう。

介護現場で行われている指導は、料理人の世界ほどではありませんが、基本は"職人スタイル"です。業務のポイントだけ教えて、そこから先は先輩のやり方を見て覚えるというのは、「手取り足取り」とはかけ離れています。
　また、指導者それぞれの経験に基づいた方法になってしまっていて、最初から難しいことを教えたり、1度にたくさんの情報をインプットさせるケースも散見されます。指導者によって指導内容が違うため、混乱を招くことも少なくありません。
　さらに言うと、「口頭指導」が中心でテキストがないため、理解に時間がかかるなど、"今の人材"には適さないことばかりです。
　まずは、ここから脱却しなくてはなりません。

　試しに、あなたの施設が"職人的"になっていないかを、チェックリストで確かめてみましょう。いくつ当てはまるでしょうか。

☐ 初日から現場指導（OJT）が始まる
☐ 指導する手順が明確に定まっていない
☐ 指導者によって指導方法が違う
☐ 指導場面でテキストやマニュアルなどを活用していない
☐ 時間が充分にとれないため、1度に多くのことを指導している
☐ 早い段階から「個別ケア」などの難しい情報を伝えている
☐ "気配り""気づき"は、新人が自分で身につけるべきだと考えている
☐ 「私の頃は何も教えてもらわなかった」が指導担当者の口ぐせ

忙しい現場で活用できる教育法

しかしながら、ただでさえ人手不足の現場では、新人に対して充分な時間を使って指導する余裕はありません。その点に配慮しないと、いくら良い制度を導入しても、使われなくなります。

そこで活用してほしいのが「新人チェックリスト」です。

<新人チェックリスト>

目　的	□ 教える時期と順番を明確にする □ 指導の"ヌケ""モレ"を防ぐ（教えるべき項目を網羅する） □ 新人、指導者の両者で、習得レベルを確認する □ 新人と指導者のコミュニケーションを強化する
作成手順	1）新人指導期間を設定する 　例）通所系で３カ月、入所系で６カ月が一般的 2）指導の大きな流れ(大テーマを教える順番)を明確にする 　※「夜勤はいつ始めるか」など 3）その期間に教えるべき項目を書き出す 　※120〜180項目程度になることが多い 4）それぞれに「指導開始」と「評価」の時期を設定する 5）できたものを、表としてパソコンで完成させる
使い方	1）各期間が終了するたびに面接を行う 　※この事例では、1週間、2週間、1カ月、2カ月、3カ月 2）面接の前に、新人は「自己チェック」をする 3）面接時に、指導者は「トレーナーチェック」を一緒に行い、できている部分と、指導が遅れている部分を相互理解する

使い方	4）業務の完成度のギャップを埋める ※新人が「○」として、指導者が「×」とした場合など 5）すべてに「○」がつくまで指導する

　この内容を読むと難しそうですが、実際にやってみると極めて簡単です。

　私がコンサルティングする場合には、表の「作成手順」の１）〜３）を、指導を担当しているスタッフ３〜４人と一緒に進めていきます。

　ポイントは、手順２）の「指導の大きな流れを明確にする」作業は、各自で行うことです。この作業を話し合いながら進めると、かえって時間がかかります。

　目標として、２時間程度で手順３）まで終わらせてほしいと思います。そこでできた原案を、メンバーのうちの１人が後日、表としてまとめるといった段取りです。

　手順３）では、たくさん項目を列挙していただくのですが、その際、みなさんに「１日24時間の仕事を、すべて思い出しながら書き出してみてください」と伝えています。

　それができたら、次に「新人に浸透していない、仕事上のルール（例えば、急な欠勤時の会社への連絡ルールなど）を書き出しましょう」と呼びかけます。

　チェックリストの注意点としては、２点あります。
　１点目は、あくまで新人育成ですから、**あまりに高い水準を目指さない**ことです。標準的な新人が、短期でクリアできるレベルに設定してほしいと思います。

2点目に、**自己評価、トレーナー評価は「○（できる）」「×（できない）」とシンプルにする**ことです。5段階評価などにすると複雑になりますし、5の評価になるまでしっかりとサポートすることが必要になります。

余裕があれば別ですが、忙しくて教育が行き届かないという現場には、マッチしないかもしれません。

マニュアルで新人を"倍速"で育成する

"マニュアル的"になる理由

「マニュアルがあると"マニュアル的"になってしまう」と言う人がいます。「だから、うちにはマニュアルは必要ない」と彼らは言います。

しかし、私はそうしたマニュアルに対する認識は、大きく間違っていると考えています。

サービスは、以下のように2層に分かれています。

応用 サービス	個別対応、医療的ケアなどの専門性の高い介助、高度な緊急対応、プラスアルファのサービス（感動的演出など）	標準化が難しい
基礎的 サービス	挨拶、マナー、基本的介助、記録・準備などの現場業務	標準化できる

このうち「応用サービス」は、個別性が高く、専門知識や経験を要し

ます。また、クレームや事故対応など、臨機応変さが不可欠な場面もあります。ですから、「こういう場合はこうする」と標準化するのが難しいです。

このケースで、無理にマニュアルを活用して杓子定規に対応すれば、"マニュアル的"になるのは目に見えています。

一方、挨拶やマナー、身だしなみ、移動・移乗といった基本的介助などの**「基礎的サービス」は、標準化が可能**です。だからこそ、**マニュアルは大いに活用**できます。

この2つをごちゃまぜにして「マニュアルは不要」というのは、間違っているでしょう。

そもそも、マニュアルが誰のためのものかを考えてみてください。

例えば、電化製品のマニュアルは、その製品をはじめて使う人、使い慣れていない人のためにあります。それと同じで、業務マニュアルは、まだ現場の仕事に慣れていない"新人"のためにあるものです。

新人に仕事を教える際、口頭説明に頼る"職人的指導"はダメだとお伝えしました。新人教育には"テキスト"が不可欠です。そのテキストこそが、マニュアルなのです。

魂の込もった完成度の高いマニュアルがあれば、何より強力な武器になります。**新人の成長スピードが、2倍にも3倍にもなる**からです。

それに反比例して、**指導するスタッフの負担は、2分の1にも3分の1にもなる**でしょう。

まさに"引き算"です。人手不足の最中なのですから、魅力的だと思いませんか？

使えるマニュアルのポイント

しかし、多くの職場では、マニュアルはキャビネの奥底にしまわれていて、使われている気配すらありません。

マニュアルが使われない理由は、次の5つです。

- □ 文字が多い（読みづらい）
- □ 記載内容が難しい（専門用語が多く新人レベルではない）
- □ 現場業務と合っていない（市販のものをコピーしている）
- □ 業務のポイントが不明確（ダラダラとメリハリなく書かれている）
- □ 更新されていない

これでは使われるはずがありません。

活用できるようにするにはどうすればいいか。これと逆のことをすればよいのです。

"使える"マニュアルの特長は、以下の5つです。

- □ **写真や図、表**が豊富
- □ **文章量**が少ない
- □ **表現**が平易
- □ **ポイント**が明確
- □ 1年ごとに**修正版**を編集

5つのポイントのうち、**最も大事なのは「写真」**です。写真は、表現力が大変豊かです。これを活用しない手はありません。

図5-1:わかりやすいマニュアルの事例

デイサービスセンター●●

 入浴

目標
☆自分でできることは、自分でやっていただく
☆同時に進めている「くもん」や「機能訓練」の状況を常に把握し、スムーズな入浴を心がける

1. 入浴の準備

【服装】中介は、濡れてもよい格好(Tシャツ&ハーフパンツ&サンダル)
　　　　外介は、制服でも可
【室温】冬場は、外と中の温度差がないよう、暖めておく　(26℃程度)
【お湯】個浴A&Bにお湯をためる

個浴A 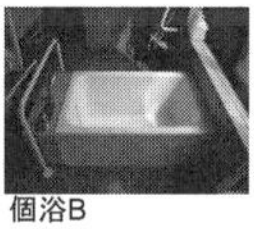　個浴B

理想的な服装
ラフになりすぎないように暗めのトーンで

2. 誘導

①入浴チェック表を確認し、順番に利用者をおよびする。
②トイレに行くかどうかの声かけをする
③チェック表に○をつける

・入浴(中止)
・体の状態に関する特記
・排泄など

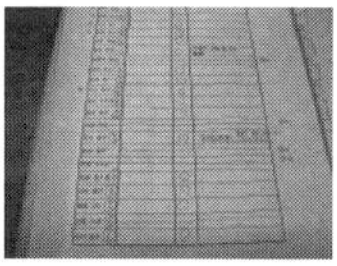

浴室外の「記録台」に設置

注意点!
✓ 必ずしもチェック表通りの順番でない場合もあるので注意。(お客様第一で)
例:「バイタルが終わっていない」、「朝食を食べて来なかった」、「送迎が遅れた」など

3. 脱衣

①体に変化がないかを観察しながら、残存機能を活かして<u>脱衣のサポート</u>をする

小物入れ

注意点!
✓着替えは、着る順番に用意しておく(上着は一番下)
✓着た衣服と新しい衣服が混ざらないように注意する
✓裸のままお待たせしない(お待たせする場合は、肩にタオルをかける)
✓時計、メガネ、補聴器は、小物入れに保管する
✓頻繁に声かけする
　例:「後はスタッフがやるので、そこまでで大丈夫ですよぉ」
　　　「中は準備できていますよ」

→次ページに続く

例えば、もう10年以上前の話ですが、浴室内での業務マニュアルで、滑りやすい場所を注意喚起するページがありました。そこには、次のように書かれていました。

浴室入口の正面にある浴槽から数えて、右に2つ目の浴槽の手前1mのあたりは、体を洗った後の泡がたまりやすく、滑って転倒するリスクが高いので注意すること

　読んでもよくわかりません。そもそも「手前」とは、どちら側を指すのでしょうか？
　こういう場合は、浴室内の写真を1枚貼り付けて、滑りやすいゾーンに印をつければ、誰でもわかります。他にも、写真だけでなく、図や表にするとわかりやすいものもあります。
　マニュアルは、新人のためのものですから、わかりやすさがすべてです。ぜひ、写真の豊富なマニュアルを作成しましょう。

04　なぜ情報共有がうまくできないのか？

仕事の3分の1は探しモノ！？

「施設長はどこ行きました？」
「(看護師の) ○○さん、見かけませんでした？」

　みなさんの職場では、こんな声が飛び交っていませんか？　あなた自身も、探されることが多いと思います。

日本人は、仕事の中で「探しモノ」の時間が、他国民より長いという記事をだいぶ前に読んだことがあります。それを実際に、ある埼玉県の特別養護老人ホームで調査・検証したことがあります。

　日中に勤務する10人のスタッフに、1日（8時間）の中で、何らかの探しモノをした場合の「理由」、そして「かかった時間」の2点をメモしていただきました。
　結果は、10人全員が「探しモノ」をしていましたが、そのうちの1人の女性リーダーは、なんと2時間半近くも「探しモノ」にあてていました。
　彼女が探していたものは、次のようなものです。

人探し	・施設長 ・看護師 ・同僚スタッフ ・（入浴予定時間となった）入居者
物探し	・申し送りノート ・体温計 ・デジカメ ・外部からの電話の伝言メモ ・パソコン上のデータ ・共用のUSBメモリー ・イベント用品（ハロウィンのグッズ） ・ホッチキスなどの事務用品 ・入居者の（他の入居者の物に迷い込んだ）洗濯物

特に時間がかかっていたのは、「看護師」「パソコン上のデータ」「(前年に使った後にどこかにしまいこんだ) イベント用品」「入居者の洗濯物」でした。こんなことで、**1日の約3分の1の時間をムダにしてしまっている**のです。

リストを見ると、あなたも心当たりがあるものばかりではないでしょうか？

3分の1は極端かもしれませんが、調査した特養の10人では、最も短い人でも20分はありました。あなたも大きなムダを見落としているかもしれません。

探しモノをなくす4つのポイント

探しモノをしている時間をなくすことで、あなたの施設でも、1人あたり最低でも20分以上の「引き算」ができるかもしれません。

そのためのポイントを4つにまとめました。ぜひ着手していきましょう。

①「声掛け」の徹底

まず大事なのは、**自分が他人に探されないこと**です。特に施設長のあなたは、探されることが多いと思います。もしそうであれば、そのスタッフの時間を奪っているわけですから**"探されたら罪"というくらいの意識を持つべき**です。

探されないためには、常に居所を明確にするよう周囲に声掛けをすることです。

現場を離れるときに伝えるべきことは、次ページの3つです。

> 1）行き先
> 2）戻る時間
> 3）不在中の引き継ぎ

　例えば、2階のスタッフが3階に行く場合には、「3階に行きます。10分で戻ります。○○さんの見守りは、▲▲さんにお願いしました」のように伝えます。そうすれば、残されたスタッフが探し回ることは回避できます。

　加えて、施設長のあなたは外出することが多いでしょう。声掛けだけでなく、行き先と帰社時間をホワイトボードなどで告知し、時間が変わる場合には必ず一報入れることを心がけましょう。

② 機器の利用

　私がコンサルティングするクライアントには「インカム」の利用をオススメしています。これさえあれば、館内でスタッフ同士が探し回る必要はありませんし、すぐに必要なことをやりとりできます。

　導入当初は、スタッフから「イヤホンが邪魔」などの意見が出ると思いますが、1カ月も使っていたら手放せなくなります。

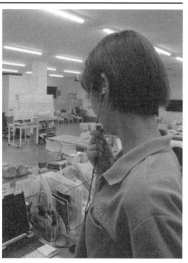

実際にインカムを使用しているところ

③ 定物定置

　探しモノをなくすためには、方法はこれしかありません。「定物定置」には2つの意味が含まれています。

定物：物の置き場所を定める
定置：定まった場所に置く

　まず「定物」ですが、あなたの職場には**置き場が決まっていないものはありませんか？**
　例えば、クリスマスなどのイベント用品。シーズンが終わったら、どこかに収納しないといけませんが、迷った挙句（あげく）「とりあえずここに置いて、後で片づけよう」と、倉庫の片隅に放置したままにして、翌年、探し回るということがないでしょうか？
　さらに言えば、**置き場が間違っているものはないですか？**
　先日伺った施設では、4階で使う消耗品を、1階の事務所に収納していました。1日のうちに何度も行ったり来たりして大変そうでしたが、スタッフに聞くと「入社したときからここだったから、何の疑問も持たなかった」と言っていました。
　「定物」を意識するだけで、大きな"引き算"ができそうです。
　次が「定置」です。誰もが必ず決まった場所に戻すようにすれば、ムダな動きはなくなるはずです。
　テプラなどで収納場所を表示するなどして、使ったら元に戻すことを徹底しましょう。

④ パソコンデータ保存方法のルール化

　私は仕事柄、大量の情報をパソコン内で扱いますが、かつてはそれら

のデータを探すのに四苦八苦していました。しかし、以下のように**ルール化してからは、探す時間は大幅に短縮**できました。

> 1）「テーマ」をあらかじめ設定し、フォルダを分ける
>   01_個人ファイル　02_マニュアル　03_販促ツール
> 2）テーマフォルダの中に「年度」でフォルダを作成して分ける
>   平成29年度　平成30年度
> 3）ファイル名の前に「作成日」をつける
>   平成30年4月15日作成の場合…H300415_入浴業務マニュアル
> 4）「一時保存フォルダ」を作成
>   後で廃棄するものは、「一時保存フォルダ」に保存する

　また、デスクトップがちらかっているのはNGです。よく「デスクトップは、脳の中の状態と同じ」と言われます。ファイルやフォルダがごちゃごちゃに並んでいたら、頭の中も混乱しているということです。
　あなたがそんなことでは、施設の将来が危ぶまれます。高頻度に使う作業のアイコンやショートカット以外は置かないように心がけましょう。

05　情報共有のムラをなくす"ホワイトボード"活用術

　私の特技は、はじめて行く施設でも、ほんの10分ほど館内を歩いただけで運営状況が手に取るようにわかることです。

第5章　忙しい現場を"楽"にする「引き算の運営」

サービスレベル、稼働率、教育状況、運営状況など、経営数字を見たり、ヒアリングなどせずとも、ほぼ間違うことなく把握できます。
　また、現場の効率性や情報共有の点でも、次のように具体的な指摘をすることがあります。

・「伝達事項が伝わらないことに悩んでいない？」
・「伝えたのに『聞いていません』と言われることはない？」
・「そのせいで残業が多いのでは？」

　こんなことを言うと、経営者や施設長から「まだ何も話していないのに、なぜわかるんですか？」と不思議がられます。しかし、魔法を使っているわけではありません。
　もちろん、これまでに全国で1000近くの施設を見てきましたし、20年近く現場主義を貫いてコンサルティングしてきましたから、その経験による直観もありますが、実はある物に注目しているのです。それが「ホワイトボード」です。

　だいたいどこの施設にも、スタッフ用のホワイトボードがあります。そこには、当日の利用状況・受診情報やスタッフの持ち場、欠席者など、施設によってさまざまな情報が掲示されています。
　ボードに掲載されている情報が充実していて、見やすく、内容がアップデートされている施設は、情報共有がだいたいうまくいっています。
　しかし、ボードにだいぶ前の資料がマグネットで斜めに貼られていたり、内容がスカスカで、書かれた字が消えそうなくらいに古かったりしたら、ほぼ間違いなく情報共有がうまくいっていません。
　そうした施設では、ケア方法や業務方法が変わっても、それがスタッ

フ全員に共有されず、今までの方法で行ってしまうスタッフがいて混乱するなど、さまざまな問題が起こります。ムダが多くなり、残業だけでなく、ストレスも増えていきます。

申し送りノートの限界

　介護現場における情報共有の手段として、最もポピュラーなものが「申し送りノート」や「日誌」でしょう。

　1冊のノートやファイルに、「利用者に関する特記事項」や「状態変化」「ケア方法の変更」「業務方法の変更」など、すぐに伝えたいことを書き記して、後任者に知らせます。

　最近では、手書きのノートを廃止し、パソコンやタブレットの「記録システム」を活用しているところも増えています。

　ノートにせよ、システムにせよ、共通するところは、**スタッフ全員が、それを勤務に入る前に確認しなければ、業務を円滑に進めることができない**ことです。

　それに加えて、**その作業（勤務前確認）をやらない"怠慢な"スタッフが、どの施設にも何割かいる**という点も共通しています。それが原因で、「伝えたのに、伝わらない」ということが起こり、ストレスを生むのです。

　このケースでは、確認しなかったスタッフに落ち度があることは明白です。

　しかし、私の経験からすると、**そのスタッフをいくら責めても、怠慢なスタッフはゼロにはならない**といえます。

　その点、ホワイトボードなら、わざわざノートやタブレットを引っ張り出してきて確認する必要はありません。スタッフの目につくところに

設置しておけば、さっと見るだけで済みます。

　そのため、怠慢なスタッフにも、情報が伝わらないということはほとんどありません。ノートなどの記録を完全になくすことは難しいですが、ホワイトボードをもっともっと活用すべきです。

ホワイトボードの活用法

　情報共有のムラをなくして"引き算"を実践するために、ホワイトボードは以下の3点を充分に検討したうえで活用しましょう。

1）設置場所
　▶スタッフの目に高頻度に触れやすく、（個人情報を含むため）お客様に見えづらい最適な場所を選ぶ
2）記載テーマ
　▶日々更新されるテーマを選ぶ
　　□ 受診情報　　□ スタッフ持ち場　　□ 欠席者
　　□ 業務方法変更　　□ ケア方法変更
　　□ 送迎担当・時間・配車など
3）記入者
　▶誰がいつホワイトボードの情報を、責任を持って書き変えるのかを明確にする

　ホワイトボードを設置する場所がなければ、**壁にホワイトボードシートを貼ってもよい**かもしれません。たった数万円で情報が行き届き、ストレスが減るなら安いものだと思いませんか？　施設に合った活用法を考えて実践してみてください。

06 朝礼だけでこんなに変わる！

短時間でも価値がある

　情報伝達の手段として、ホワイトボード以上に有効なのは、顔を合わせて話すことです。やはり、これに勝るものはありません。

　しかし、お客様が活動する時間帯に、会議のために充分な時間を取ることは難しいでしょう。かといって、連日、勤務時間外というわけにもいきません。

　そこで、「朝礼」や「夕礼」「申し送り」などの機会を、徹底して活用することをオススメします。この"ちょっとした時間"に、魂を込めてほしいのです。

　もちろん、事業形態によっては、朝礼などができない施設もあると思います。こんな事例があります。

　広島県のあるデイサービスは、近隣だけでなく遠方のお客様も大勢利用しています。そのため、送迎車が施設を出発する時間がまちまちで、それに合わせてスタッフの出退勤時間をずらしているため、お客様のいない時間に全員揃って朝礼や夕礼をすることができませんでした。

　情報共有は、ノートと記録ファイルのみ。大事な情報がうまく伝わらず、業務の混乱や、情報共有不足によるお客様からのクレームも多発していました。

　そこで、すべてのお客様が施設に到着し、スタッフも全員揃った段階で「ブリーフィング（ごく短時間の情報共有会）」を行うことにしました。

もちろん、お客様を放置することはできませんから、最低限のスタッフを見守りに残し、その他のスタッフは事務室に集まって、ほんの２〜３分で実施することにしたのです。

　たったこれだけの取り組みですが、結果はクレームが７割減り、業務の混乱もほとんど起きなくなりました。**短時間とはいえ、やり方によっては大きな成果につながる**のです。

朝礼の強化策

　朝礼に限らず、短時間のミーティング全般に言えることですが、実施するには５つのポイントがあります。

１）時間を設定
　▶時間を決めて厳守し、その時間内でできるかぎりの情報を詰め込む
２）立ったまま実施
　▶座ってやると、どうしても時間がかかる
３）司会は顔を上げて、明るく大きな声で
　▶司会が下を向いて、暗い声でやっているようでは、朝礼自体が暗くなる。その雰囲気を１日引きずることにもなりかねない。明るく大きな声でハキハキとやることがとても大事
４）式次第を準備
　▶「おはようございます」の挨拶から始まり、どの順番で誰が何を報告するかを、明確に決めておく
５）繰り返す

> ▶シフト上、その会に出席できないスタッフ（交代勤務、パートスタッフ等）にも確実に伝わるよう、大事な情報は、数日かけて繰り返し伝え、直接聞く機会を増やす

　最近では、立ったままではメモを取ったり、パソコンやタブレットを使いづらいということで、専用のテーブルを設置している施設もあります。

ミーティング用スタンディングテーブル（社会福祉法人 基弘会「リズムタウン仙台」）

　やはり、**情報共有は、顔を合わせる「場」をつくるのが最優先**です。
　それを補完するシステムとして、前述のような「ホワイトボード」や「インカム」などを利用すると良いでしょう。

07　結論が出る! 効果的な会議の開き方

会議には、施設長の実力が表れる

　施設長になって最初に悩むことの1つに、会議があります。
　参加する立場のときにはわからないのですが、主催する立場になると、「1時間で終わらせるはずが、2時間かかった」「自分ばかり話していて、誰も意見を言ってくれない」などの悩みを、誰もが1度は持つと思います。

　介護施設にとって、「会議」はとても大事です。
　他の職種と比較して、これほど多くの人が集まって行う仕事は、なかなかないと思います。しかも、決められたことをこなす仕事と違い、お客様の刻々と変わる体調に合わせて、ケアや業務方法を変えなければいけません。
　頻繁な話し合いなしでは進められないのが介護の仕事なのです。

　試しに、ある特養で、1人のフロアリーダーが参加している会議を書き出していただきました。
　すると、「ケアカンファレンス」「ユニット会議」「フロア会議」「リーダー会議」「運営会議」「イベント委員会」「リスクマネジメント委員会」「新人研修委員会」「実績報告会」と、実に9つもの会議に参加していました。これら以外に申し送りなど、日々行われるミーティングがありますから、どれだけ会議ずくめかがわかります。

こうした"会議の質"が、すべての業務に直結します。

ですから、極端に言えば、**あなたの会議マネジメントのスキルが「施設としての質」**、そして**「施設長としての実力」**にもなるのです。

絶対に身につけたい会議マネジメント法

そもそも会議の進め方にはテクニックがありますが、これまでにしっかりと学ぶ機会がありましたか？　先輩や上司がやっている方法を、なんとなくまねてはみたものの、「思う通りにならなかった」ということはないでしょうか？

身につけてほしい会議のマネジメントのポイントは、次の5つです。ぜひ、実践しながら身につけましょう。

1）定例化する
　▶シフト表を見ながら、スタッフの出勤が多い日を見定めて、急遽開催するようなやり方はダメ。参加するスタッフが、しっかり問題意識を持って参加できるように定例化するのがセオリー
　　・「**毎週第3月曜日16時から**」や「**毎月15日**」のように実施日時を決める
　　・期初に1年分決めて告知する

2）会議名にこだわる
　▶会議の名前はとても大事。参加者の意識づけのためにも名前を見直す
　　・「**サービス満足度向上会議**」や「**稼働率85％実践会議**」のように「会議の目的」を名前にする
　　・「**パートミーティング**」のように「参加してほしい人」を名前にする

3）人数を適正化する
- ▶会議は人数によって目的が変わる。大人数で議論をしても、意見が出ないのは当たり前。参加者数を見直すべき

少人数	3〜5人	議論の場（結論を出す場） ☐ カンファレンス　　☐ 委員会 ☐ 定例会議
大人数	6人以上	伝達・共有の場 ☐ 方針伝達　　☐ 情報共有 ☐ 教育・研修　　☐ 課題の抽出 ☐ 表彰

4）レジメを作成する
- ▶話が脱線するのは、会議中に、その日の議題や終了時間などが意識されていないから。**レジメには、「会議名」「開始時間と終了時間」「議題」と議題ごとの「担当者」だけを書いておく。**その情報で足りない場合にのみ、「議事録」などの補足資料をつける。**くれぐれも、レジメに多くの時間を取られないようにしたい**

5）議事録を簡略化する
- ▶レジメ同様に、**議事録に時間をかけすぎてはダメ**。作成に手間がかからず、すぐに発信できるように、入力フォームと共有方法を簡略化する

　最後の「議事録」について、少し補足します。

　議事録の目的は、「参加者へのリマインド」「不参加者への伝達」「プロセスの保存」「上司への報告」の4つですが、4つ目の「上司への報告」に重きが置かれ、内容が過剰だったり、丁寧すぎるケースが散見されます。

「理事長に提出するんだから、もっと具体的に、わかりやすく書け」というわけです。施設長のあなたが、それを促(うなが)しているケースもあるかもしれません。

しかし、そのために残業をしたり、優先度の高い業務が後回しになっているケースもあります。中には、会議は1時間だったのに、議事録づくりに3時間もかかっているなど、笑えない話も実際にあります。これでは本末転倒です。

施設によっては、ホワイトボードをデジカメで撮り、それをチャットワークなどの社内SNSで共有して終わりというところもあるくらいです。
ぜひ、簡略化の方法を、経営トップも交えて話し合ってみましょう。

ファシリテーションの基本

ファシリテーションとは、**司会役として話の流れをつくり、結論に向かうように導くこと**です。この技術を身につければ、会議などまったく怖くありません。
いろいろな型がありますが、まずは、基本となる以下の手順でやってみましょう。

① アイスブレイク

最初に**意見が出やすいような雰囲気づくり**をします。
例えば「お子さん、小学校に入学したんでしょ。学校には慣れた？」とか、「先週、休みに釣りに行ったよね。釣果(ちょうか)は？」のように、話好きな2～3人に声をかけ、仕事以外の趣味や家庭のことを聞いてみる方法があります。

趣味などの話は、誰もが得意になって饒舌(じょうぜつ)になります。すると、緊張している場がパッと和(なご)みます。

またある施設長は、こうしたフリートークが得意でないため、お茶とお菓子を配って場の雰囲気づくりをしています。自分なりのアイスブレイク手法を確立しましょう。

② マインドセット

レジメを配布したうえで、「**この会議が何を議論するためのものなのか**」を参加者に意識づけします。以下の3点を冒頭に伝えるだけで、会議の中身がグッと濃くなります。

伝達項目	セリフ例
議　　題	今日は、○○について話し合います
成　　果	□□と△△を決めるところまで議論したいと思います
終了時間	時間は○時○分までの○分間です。よろしくお願いします

③ 傾聴(けいちょう)して質問する

施設長として、次の点に注意して、相手の話を聞き、質問するようにしましょう。

☐ 全体にではなく、順番に指名して問いかける
☐ うなずきながら聞く
☐ 話を邪魔しない程度に相槌(あいづち)をうつ

> □ 批判しない
> ▶自分の意見と違う場合に、すぐに批判してしまう人がいるが、それを続けていると誰も発言しなくなる。批判するにしても、「○○は難しそうだけど、□□はできそうだね」というように、1つでも良い点を抽出（ちゅうしゅつ）するように
> □ 質問して深掘りする
> ▶わかりづらい点や、あいまいな点については、「○○ってどういうことかな？」のように質問して明確にする

④ 要約して質問し、意見を引き出す

前の発言者の意見を要約して、それを他のメンバーに問いかけます。「○○さんの意見のポイントは、〜（概略）ということだね。それについて、□□さんはどう思う？」という具合です。

⑤ 結論に導く

③と④のステップを何度か繰り返しているうちに、だんだんと話がまとまってくるはずです。そうでなければ、時間内に結論が出るように、時計を見ながら「さあ、あと○分で結論を出しますよ！」などと、**残り時間を途中で伝える**のも効果的です。

最後に、そこで出た意見を「結論」としてまとめれば、会議の目的は達成です。

⑥ 行動の意識づけ

会議後に決定事項が確実に実行されるよう、**各参加者の役割を再確認**します。「○○さんは、○月○日までに○○をお願いします」のように、それぞれが行動すべきことを意識づけするとよいでしょう。

⑦ **議事録と次回予定の確認**

　会議の最後に、「今回の議事録担当は〇〇さん。〇日以内にお願いします。次の会議は〇月〇日〇曜日〇時からです」と、**次回の予定を確認**して終了です。

　ここまでが、ファシリテーションの基本的な流れです。
　もちろん、最初からうまくはできないと思いますし、実際には、発言者は順番には話してくれず、同時に複数の人が話し出すこともあります。
　慣れるまでは、7つのステップをメモ帳などに書き出して、それを見ながらやってもよいかもしれません。

参加者の心得を指導する

　どんなにファシリテーションスキルが高くても、参加者が会議のマナーをしっかりと守ってくれなかったら、会議はうまく進行しません。
　しかし介護業界では、このあたりの教育をしっかりと受けていない人材も多いため、再教育が必要かもしれません。
　まずは中堅社員、次に一般社員、そして最後はパートスタッフというように、順番に以下のことを指導するとよいでしょう。

＜**会議の心構え**＞

☐ 自分の**意見は話し合いの場で**出す（陰で「こうすればいいのにね」などと言うのはNG）

- □ 改善策に「ベスト（唯一の正しい答え）」はない。「**ベター（今より少し良い）**」**を目指す**（自分の思う「正しいこと」で人を説得しようとすると結論が出ない）
- □ 仕事のルールは、個人のためではなく「**みんなのため**」にある
- □ 話し合いに参加できない場合には、**参加できるスタッフに託す**
- □ ただし、**参加しなかったスタッフは、話し合いでの決定事項を否定しない**
- □ 決まったことは、自分の意見はさておき、**とりあえずやってみる**（勝手に変更しない。決まったルールを個人の考えで勝手に変えると、みんなのストレスになる）

＜会議タブー集＞

- × 他人の意見を遮（さえぎ）る
- × 誰かが話しているときに、他の人とひそひそ話をする
- × 会議のときに、話している人のほうを見ない
- × その場で意見を言わずに、後で文句を言う
- × そもそも、参加していないのに文句を言う
- × ちゃぶ台返し（結論が出た後に「私は絶対にそれは反対ですから！」のように台無しにする）

　また、第1章にも書きましたが、各自から出てきた提案に対して、**それぞれにその都度答えを出していくと、辻褄（つじつま）が合わなくなります。緊急の場合は別ですが、「一問一答はしない」が基本です。**

　もし現場から「○○をしてはどうでしょう？」という提案があったら「よい意見ですね。次の○○会議で提案してみては？」と、会議での話し合いを促しましょう。

08　残業と会議時間は、簡単に半減できる！

> 効果的な残業削減法

　埼玉県のあるデイサービスでは、長時間残業が常態化していました。就業時間は17時30分まで。パートは定時に上がります。
　しかし４人の社員は、毎日19時頃まで残るのが当たり前。月末になると21時を過ぎることもありました。
　中には小さな子どものいるお母さんもいます。彼女から「このままだったら、辞めないと」という声がもれてきました。危機的な状況です。

　あなたなら、こんなときにどうしますか？
　残業の多いスタッフにヒアリングして原因を分析し、それらを１つひとつ解決していく？
　それがセオリーですね。その作業はとても大事です。しかし、それよりももっと良い方法があります。

　この状況を救ったのは、実は"目標の設定方法"を変えることでした。
　普通、残業時間削減というテーマでは「１割短縮」「２割削減」というように、実現可能な目標を設定します。しかし、**こんな小さな目標ではなく、最初から「50％カット」と大きな目標を設定してほしいの**です。
　なぜなら目標が小さいと、改善内容も小さくなります。視点がミクロになるからです。
　しかも、１割減らした程度では、経営的なインパクトも弱いですし、

何よりそれに着手する社員たちの「減らそう」というモチベーションが上がりません。1割減らす程度では、さほど魅力的ではないからです。

それが、「50％カット」「半減」という目標であれば、ちょっとした取り組みでは達成できないでしょう。根本的な変革をしなければいけません。マクロな視点が必要ですが、実現すれば社員にも大きなメリットがあります。

「50％カット」を掲げるテクニックは（テクニックというほどのことでもないですが）、残業だけでなく会議でも使えます。

半分の時間でやろうとすれば、自ずと無駄口は減ります。参加者の中に「早く結論を出さなければ」という気持ちが芽生えますから、短時間でも議論が深まります。

さて、冒頭のデイサービスでは、以下のような成果が上がりました。

実施前の状況	月平均残業時間32時間（1日1時間27分）
残業の原因	・夕礼が長い（平均20分） ・デスクワークはすべて17時30分以降に実施 ・残業時間中、おしゃべりが多い ・残業時間に外部からの電話に対応
改善策	□ 夕礼を立ったまま実施 □ 夕礼の「式次第」を作成（半分の10分で終わるように） □ 夕礼に1人だけ参加せず、デスクワークを開始する

改善策	☐ 水曜日、土曜日を「NO残業DAY」に設定 ☐ 17時30分に留守電設定 ☐ 残業前に「業務内容」と「退勤予定時間」を個別に施設長に報告 ☐ 残業ボード（誰が残業するかを掲示）を設置（図5-2参照） ☐ 17時30分〜18時は「サイレントタイム」として、質問以外の会話はNGにした
実施後の状況	月平均残業時間11時間（1日30分）

図5-2：残業ボードの使用例

午前中

昼頃

　驚くべき成果ですね。やったことは「50%減」という目標を掲げ、それによってスタッフの意識を変えただけです。
　簡単な方法ですから、あなたが施設の残業時間、会議時間に悩みを抱えているのであれば、すぐに実行してほしいと思います。

09　AI、ロボットとの付き合い方を考える

海外に行って驚くこと

　仕事の関係で、よくアジア諸国に行きますが、そのたびに驚くことが2つあります。
　1つは、**開発スピードが日本とはまったく異なる**点です。
　どの国も再び訪れると、短期間のうちに風景が変わったと思うほどに新しいビルが立ち並び、都市化されていきます。文字通り"目まぐるしい"発展です。インドネシア、タイ、ベトナムなどは、ここ数年で見違えるような発展を遂げました。
　そして2つ目は（こちらが重要ですが）、**IT環境が日本以上に整備されていく**点です。

　どこの都市でも「Uber（ウーバー）」や「Grab Taxi（グラブタクシー）」などの配車アプリがあれば、簡単に車を拾うことができます。これらのアプリについては、法制度の違いによるところもありますが、日本は数年遅れています。
　また、例えば中国では、大都市に行くとフリーWi-Fiが使えない場所はほとんどありません。さらに、「アリペイ」というアリババグループのオンライン決済システムが普及していて、現金を持たなくてもスマホでQRコードを端末にかざすだけで、道端の露店ですら買い物ができます。
　他にも、中国内では「LINE」はほとんど使えませんが、代わりに「WeChat（微信）」というコミュニケーションアプリが浸透していま

す。「LINE」のような使い方だけでなく、友だち探しや買い物、個人間の送金にも気軽に使うことができます。

　中国人とビジネスの話をすると、ときに危機感すら覚えます。先進性、規模、スピード感、国際感覚、そしてバイタリティのすべてで、日本は劣っているのではないかという印象すら受けるのです。
　中国のIT普及率は世界で80位。一方の日本は10位と、まだまだ差はありますが、**「日本は経済大国だ」「IT先進国だ」などとあぐらをかいていると、あっという間に抜かれかねないことを、私たちは認識しておかなくてはいけません。**

日本人の生産性は低い？

「日本人は労働生産性が低い」という話を、1度くらいは聞いたことがあると思います。
「労働生産性」とは、「労働者1人あたりが1時間に生み出す価値」を表すものです。
　その根拠となっているのは、公益財団法人日本生産性本部が毎年発表している「労働生産性の国際比較」というデータです。2017年版の資料によれば、**日本人の生産性は先進国（G7）では最下位。OECD35カ国で20位**と、不名誉にも下位に甘んじています（図5-3参照）。
　私たち日本人は、他国から「まじめでよく働く」と言われます。それでもこの順位です。
　この表によれば、アイルランドは、日本人のほぼ半分の時間で、日本人と同じだけの価値（モノやサービス）を生み出していることになります。
　この原因は、何も日本人の働きぶりに限ったことではありません。

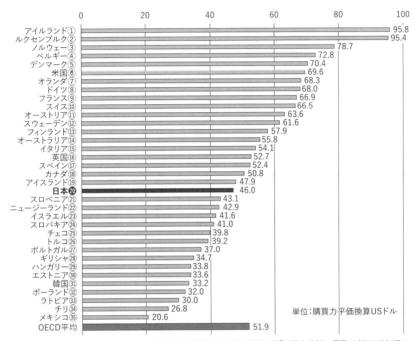

図5-3：OECD加盟国の時間当たり労働生産性（2016年／35カ国比較）

出典：公益財団法人日本生産性本部「労働生産性の国際比較2017年版」

　日本の経済政策の影響や、モノの価格、サービスの対価が低すぎることも関係があるでしょう。

　また、サービス業では、「おもてなし」という名のもとに、過剰に価値を提供してしまっているのかもしれません。

　それらもひっくるめて、**私たちの仕事の仕方は、非効率で要領が悪い**ということになります。

　それぞれが意識を改革し、発想を転換し、最新の技術を活用する努力

をすれば、もっともっと楽に仕事ができる余地があるということです。

介護業界のICT化・ロボット化

では、介護業界の生産性はどうかというと、他業界以上に低いと言わざるを得ません。

そもそも、介護保険法における「人員基準」がそれを求めているのですから、改善の余地も小さいのですが、例えば特養では、入居者と介護職員の割合は3対1と決められています。入居者3人分の売上で、1人の給料を賄っているわけです。

この話を異業種の方にすると、ほとんどの方がびっくりしますが、実際にはそれ以上の配置で運営しているところも少なくありません。私のクライアントでは、1.5対1で運営している施設もあります。

これでは、介護職の給料が他業種より低いのもうなずけます。

これから先、介護報酬が劇的に上がることは期待できませんから、何とかして生産性を上げ、少人数でも運営できる状態にしなければなりません。業界をあげて生産性を向上させ、介護職の給与水準向上を目指していきたいところです。

その1つの取り組みとして、ケアプラン作成をAI（人工知能）化しようという動きがあります。これに反対する方も多いようですが、私は大賛成です。

反対する方々の意見の中には、もっともだと思うものもありますが、大きな流れとして、**機械化できることは機械に任せ、人は人にしかできないことに集中すべきだ**と私は考えています。そうでなければ、生産性が上がるとは思えませんし、介護職の給料は永遠に低水準のままかもしれません。

もちろん、機械は万能ではありませんし、過渡期にはいろいろな問題が起きるかもしれません。しかし、それがケアプラン作成をはじめ、さまざまな業務を機械化するのを断念する理由にはならないと考えています。

現場スタッフが介護ロボットに後ろ向きな理由

　ただ、困った問題があります。平成28年に、ある組織からの依頼で、6法人の「介護職」と施設に入所する「要介護者」を対象に、介護ロボットに関するアンケート調査を実施したことがあります。

　結果は、以下のようなものでした。

対象	対象人数	介護ロボット・ICT機器を使うことに前向き
介 護 職	600人	全体の29％（174人）
要介護者	100人	全体の49％（49人）

　このように**「介護職」では、介護ロボットやICT機器を使うことに前向きな人は、残念ながら少数派でした。**

　後ろ向きになる理由として、「ロボットによる介助は心が込もっていない」や「システムを信用できない」というものが多くありました。

　逆に、**介助される側の「要介護者」では、意外にも半数近くが前向きな意見を持っていました。**

　「いつもスタッフが大変そうだから、ロボットで負担が軽くなるなら、ぜひ使ってほしい」という主旨の意見も、多数聞かれました。

　実際に、**介助用リフトやロボット、ICTシステムを導入する際の一番**

のハードルは、「**現場スタッフ**」です。導入しても、使ってもらえないのです。

　使わない理由の１つに、こうした機器の完成度がまだ低いということがあります。また、スタッフたちの気持ちの中には、「操作を覚えるのが面倒」「使い慣れていない」ということもあると思いますが、導入をサポートした施設では、触れることすら拒むスタッフもいました。本当に、一筋縄ではいかないのです。

　平成29年４月14日に開かれた第７回未来投資会議の席で、安倍晋三総理は「介護現場でのロボット、センサーの導入を後押しする」というニュアンスの発言をしました。実際に厚生労働省では、導入を促進する補助金が予算化されました。

　繰り返しになりますが、今後は介護業界の生産性を高めるうえで、AI化、ICT化、ロボット化は不可欠です。

　施設長としては、そこに投資する意識を持たなければいけませんし、経営者にもそのことを理解してもらわなければいけません。

　また現場では、優れた機器を積極的に導入していきましょう。

　今は、現場スタッフがこうした機器を活用して仕事をすることに、少しずつ慣れる時期かもしれません。

第6章

"超採用難"
時代の
求人法

01 「選ぶ時代」から「選ばれる時代」へ

内定者の8割が辞退!?

「困ったことが起きた」

　私が長年コンサルティングしているクライアント企業の社長から、1本の電話がありました。

　聞けば、**内定を出していた採用予定の学生の8割もが、辞退をしてきた**というのです。

　そこは、地元でも評判の高級有料老人ホームで、常に満室をキープし、待機者を出すほどの人気施設です。給与もそれほど低くはなく、周辺よりは高水準の賃金を支給しています。

　これまでは、就職を希望する学生も多く、内定辞退などはほとんどありませんでした。

　そこで急遽(きゅうきょ)訪問し、原因を探ることにしました。

　原因は、簡単に見つけることができました。意外にも、**理由は面接の方法にあった**のです。

　これまで採用にはほとんど困ることがなかったため、すっかり安心しきっていました。盲点でした。

　問題の面接は、会議室で行われていました。

　20人くらいが入れるような広めの部屋の奥側に、長テーブルが2台置かれ、テーブルの向こう側にイスが4つ置かれるそうです。

　座るのは、社長、専務、施設長、そして人事課長です。ドア側には、

イスだけがちょこんと置かれ、そこに求職者が座ります。

その際、4人の面接官の前にはお茶が置かれ、4人はそのお茶をすすりながら、思い思いに質問を投げかけていきます。「もし、後から入ってきた後輩が、君より先に昇進したらどう思う？」といった、意地悪な質問も多かったと聞きました。

さて、どこが問題かわかりますか？　もし、あなたが採用を担当しているのであれば、その問題にこの時点で気づかなければいけません。

失敗の原因

まずは、下の表をご覧ください。

	過去	現在
選ぶのは	会社	求職者
アピールするのは	求職者	会社
アピールする内容は	自分を採用するメリット	会社に入社するメリット

"就職難（買い手市場）"の時代であれば、募集人数に対して、それを超える応募があるでしょう。面接官は求職者のプロフィールを見て、志望動機を聞き、質問攻めにして**"振り落とす"ための選考**をするのが常識でした。

面接官にお茶が出て、学生は足元まで全身が見えるイスに座らされるのは、何ら問題ありません。**人材の選択肢はいくらでもある**わけですから、その人を**観察するためのシチュエーション**でなくてはならないのです。

第6章　"超採用難"時代の求人法

しかし、今は"採用難（売り手市場）"の時代です。選ぶのは、会社側ではありません。

求職者は、こだわりを持たなければ、いくらでも就職するチャンスがあります。**求職者のほうが優位**なのです。

求職者を"振り落とす"のではなく、求職者に"選んでもらう" ことが求められています。

もちろん、「人が商品」の介護事業では人材の質は大事ですから、誰でもいいと言っているわけではありません。そうではなく、見込みのある人材に「（他社ではなく）この会社に入りたい」と思ってもらわなければならないのです。

それに、まずあなたが気づかなければ、この採用難の時代を乗り切れるはずもありません。

ですから、**就職ガイダンス、会社説明会、面接のすべてにおいて、会社側は「入社するメリット」を求職者に伝え続けなければいけません。** そして、面接後もそれは続きます。

内定後も、しっかりとフォロー面談をしたり、内定者イベントを実施するなどして、「ここに入社したい」という気持ちを盛り上げ、高い状態でキープする努力をし続けなければならないのです。

02　CPIで"勝ちパターン"を分析する

採用に"絶対"はない

最近は、本当にいろいろなところから「採用」に関するセミナーを依

頼されます。

　介護事業者はもちろん、社会福祉協議会などの組織、自治体、介護関連メーカーや建設会社など、週に1度くらいのペースで、講演をしているのではないでしょうか。

　おかげさまで、終了後のアンケートでは、9割くらいの方から「内容に満足」と書いていただけています。

　しかし（当然ですが）、全参加者とはいかず「不満」と書く方もいます。そうしたご意見は、講師としては真摯（しんし）に聞くべきで大変ありがたいのですが、中には合点（がてん）がいかないものもあります。

「とっておきの方法を聞けると思っていたのに、期待はずれ」
「もっと新しい方法はないのか」

　これらのコメントに回答させていただくとするならば、「**採用手法に"とっておきの方法"や"新しい方法"などはない**」となります。

　もちろん、紙媒体よりWEBのほうが効果的であるとか、最近では"indeed（インディード、求人検索サイト）"を活用するとよいなど、そういった時流というものはあります。

　それらを「新しい」と言えなくもないのですが、そんなに"目新しい"ものではありません。ましてや、求人方法には「これさえやればOK」という最終兵器は存在しません。

　採用市場で勝ち残るのは、場当たり的にいろいろな策を打つ企業ではないのです。

　そのエリアで使えそうな採用チャネルや手段を比較し、それらに対するレスポンスをコツコツとデータ化して分析することで、"勝ちパターン"を探り当てた施設なのです。

CPI、CPOを調べてみよう！

　採用を成功させるうえでの一番の"財産"は、過去の採用活動における実績です。

　私たちがコンサルティングするときも、まずはそれらを分析して、「何が当たりそうか」「どこを改善すればよいか」を推測してから動きます。

　しかし困ったことに、そうした履歴が残っている施設は、ほとんどありません。「これまでの求人はどうだったのでしょうか？」と質問すると、分厚いリングファイルをバンとテーブルに置かれて「ここに過去数年分の求人チラシが入っていますから、それを見てください」という具合です。

　それに対して「それぞれのチラシで、どれくらい応募があったか教えてもらえますか？」と聞くと、みなさん黙り込んでしまいます。まったくデータ化できていないのです。

　それでもしつこく質問すると、「そういえばタウンワークは、応募が多かったような」「半年くらい前に、アイデムのWEB版に出したら、何人か応募があったね」といった情報が出てきます。ただ、こうしたあいまいな記憶は、間違っていることが多いのです。

　そこでみなさんにやってもらいたいのが、「CPI」と「CPO」の算定です。

　CPIとは「Cost Per Inquiry」の略で、「**応募を１件獲得するのにかかった費用**」のことです。

　もう１つの**CPO**とは「Cost Per Order」となりますが、これは「採

用1件あたりの費用」を指します。

　いずれも**値が低いほうが、効果が高い**ということになります。特に大事なのはCPIです。

　例えば、以下のような状況だったとしましょう。

チャネル	費用	応募者	CPI（費用／応募者）
オリコミ広告A	5万円	8人	6250円
WEB広告B	8万円	10人	8000円

　この場合は、応募者が多かったのはWEB広告Bでしたが、CPIはオリコミ広告Aのほうが低いですから、Aのほうが効果が高いということになります。

　このデータをずっと蓄積していくと、以下のことがわかってきます。

□ 費用対効果の高いチャネル
□ 募集予算（どれくらいかければ、採用必要人数に達するか）
□ 季節波動（何月に募集するのが効果的か）

　また、それぞれの募集に関して「**募集職種**」「**給与**」「**キャッチコピー**」、さらには「**面接官**」なども記録しておくと、もっと細かな分析ができます。

　これを続けていくと、「勝ちパターン」というのが見えてきます。

　そこに、これから紹介するノウハウを付加すれば、採用確率はさらに上がってくるということです。

第6章　"超採用難"時代の求人法

ここで1つ、成功事例を紹介しましょう。

　千葉県のある施設では「社員紹介制度」があります。施設スタッフが知人を紹介した場合に、報奨金を出しています。面接を受けたら、QUOカード1000円。めでたく入社した場合には、1万円を支給するというものでした。

　当初は1万円という額に対して、「高いのではないか」と経営幹部の中で反対する声もありました。しかしCPIを調べてみると、最も低い（費用対効果の高い）日曜版の新聞オリコミが4万円台後半であり、紹介制度のほうが圧倒的に低いことがわかりました。

　そこでこの会社では、報奨金を3万円にしました。それでも、他のチャネルより安いというわけです。結果、紹介がさらに増えたことは、言うまでもありません。

　今では、入社する人材の半分は、紹介制度によるものです。

　スタッフも、自分と一緒に働くことになるわけですから、それなりの人物を紹介します。費用が下がり、逆に人材の質は上がったのですから、まさに一挙両得です。

03　採用マーケティング3原則

あなたの広告が当たらない理由

　広告は、ただ闇雲に出せばよいというわけではありません。

　CPIを測定すれば、効率のよい方法が見つかることがわかりました。次は、その精度を高めていきたいところです。

ここで考えてみましょう。

毎週発行の求人フリーペーパーAは、縦7.5cm×横4.5cmの「最小サイズ」が３万円。倍の縦7.5cm×横9cmの「標準サイズ」だと、費用も倍の６万円で出稿となります。

さて、もし予算が６万円だとしたら、あなたは最小サイズを２回（２週）出しますか。それとも、標準サイズを１回出すでしょうか。

２回出したほうが、たくさんの方に見てもらえそうですから、応募が増えそうな気がします。ところが、それが大きな間違いなのです。

図６−１：小さな求人広告の例

図６−１をご覧の通り、小さな広告面だと、給与や待遇等の「採用条件」しか掲載することができません。あなたの施設が、エリア内で高い水準の採用条件を提示できるのであれば、小サイズでもよいかもしれません。

しかし、たくさんの業種が載る媒体で、介護事業者が給与や休日数などで目立つことは、現実的に難しいと思います。まったく興味を持ってもらえないのが現実でしょう。

そうであれば、**標準サイズのほうは掲載面が２倍となり、採用条件以外の情報で勝負できます**。配布部数は半減しますが、より効果的といえるでしょう。

これは、フリーペーパーやオリコミなどの紙媒体に限ったことではありません。**「情報量」**が不十分だと、効果も落ちてしまうのです。

マーケティング3原則とは

　大きさを決めたら、次にコンテンツです。
　介護事業者の求人を見ていると、「せっかくだから、いろいろな人に興味を持ってもらいたい」と、欲張ってたくさんの職種、契約形態の求人情報を載せている広告をよく見かけます。
　例えば、1つの広告枠で、介護職、看護職、運転手などの多職種を同時に募集したり、社員とパートを一緒に募集しているものがそうです。しかしそれが、かえって求職者を遠ざけているのです。

　マーケティング用語に、「誰でもは、誰も」というものがあります。「誰でもいいよ」とすると「誰も来ませんよ」ということです。
　広告の対象者の幅を広げれば広げるほど、訴求力は薄まって、広告効果は低くなっていきます。むしろ、「1広告1ターゲット」を原則とし、欲張らないほうが成果は上がります。

　広告が最大の効果を発揮するには、決まったパターンがあります。
　みなさんは、「マーケティング3原則」という言葉を聞いたことがあるでしょうか？
　その"3原則"とは、「**誰に**」「**何を**」「**どのように**」です。
　これらが、うまく連動すれば、効果は上がり、まったく違った結果となります。
　主に、商品やサービスを販売する際に活用する法則で、次ページのような意味があります。

誰に	ターゲットを明確にする
何を	「誰」に合わせて商品力（サービス力）を強化する
どのように	「誰」「何」に合わせて、売り方を工夫する

　このように、売る相手をあらかじめ想定し、それに合わせて商品、サービスを磨き込んだほうが、売れ行きはよいということです。

　これを「求人」に置き換えると、以下のようになります。

誰に	ターゲットを明確にする
何を	「誰」に合わせて「何（入社メリット）」を伝える
どのように	「誰」「何」に合わせて、伝え方（広告）を工夫する

　つまり、広告を出すときには、「どんな人を採用したいのか」「どんな人に広告を見てほしいのか」を決めておかないと、期待する成果は得られないのです。

ターゲティングは具体的に

どこまで具体的にイメージできるか？

　求人広告では「誰（ターゲット）」を決めることが、何よりも大事でした。その際、**具体化が甘いと効果は低くなります**。

例えば求人広告では、**掲載する写真によって、応募してくる層が変わってきます。**

若い女性中心の写真を掲載すれば、それに近い年齢の女性からの応募が増えます。年配の男性中心なら、年配者が増えます。なぜなら**写真の中の人物に、自分を重ねる**からです。

このケースで言うと、少なくとも「性別」「年齢」は、想定しておくべきです。

また、未経験者をターゲットにする場合と、経験者をターゲットにする場合では、文面が変わってくることは、みなさんも容易に想像がつくはずです。

そうなると、「経験値」や「資格の有無」なども、想定しておいたほうがよさそうです。

このように、**さまざまなテーマで"人物像"をできるかぎり具体化しておいたほうが、写真、掲載内容が、グッと引き立つ**のです。

ターゲットを具体化するときに、私たちコンサルタントやマーケッターがよく使う方法があります。

みなさんは、「**ペルソナ**」という言葉を聞いたことがあるでしょうか？ これは「**募集する人物の中で、最も理想とする人物像**」のことを指します。

この「ペルソナ」を決めてから求人活動を行うのです。

やり方は、**その「ペルソナ」を、あたかも"実在する人"のように連想していくのです。**「気遣いのできる"女性"に入社してほしいな。今後、長く勤めてほしいから"若い方"がいいな。若いと言っても、新卒は育てる環境がないから、"少し社会経験がある年齢"がいいな……」という具

合です。

＜ペルソナの例＞

女性
　▶**若い女性**
　　▶**20代後半の女性**
　　　▶**26歳のコミュニケーション力が高い女性**
　　　　▶26歳のコミュニケーション力が高くて**近所に住む**女性
　　　　　▶26歳のコミュニケーション力が高くて**自転車通勤ができる**女性
　　　　　　▶26歳のコミュニケーション力が高くて**子どものいない**自転車通勤ができる女性
　　　　　　　▶26歳のコミュニケーション力が高くて子どものいない自転車通勤ができる**業務未経験の**女性

　ここまで具体化すると、広告等に、給与や勤務時間、休日以外に、以下のようなコンテンツを掲載しようというアイデアが浮かびます。

写真	20代後半のスタッフ中心
掲載内容	・自転車通勤OK ・飲み会、スポーツイベント多数の仲の良い職場 ・未経験者向け研修充実 ・（将来、子どもが生まれたときのために）産休・育休制度

　このように「ペルソナ」に合わせて、採用までのストーリーをつくっていくのです。

05　入社メリットを最大化する

その"人"に合わせた"メリット"を探せ！

　マーケティング3原則で言うと、「誰」の次に準備するのが「何」の部分です。**求人活動で言う「何」とは、その会社に「入社するメリット」**のことです。

　ターゲットとなる人材は"会社選び"の際に、どんなことを求めるでしょうか。

　前項では、26歳女性の「ペルソナ」に合わせてお伝えしましたが、ここではもう少し具体的に解説しましょう。

「入社メリット」は、ターゲットごとに異なります。例えば、以下のように考えます。

ターゲット	会社選びのポイント	訴求すべき入社メリット例
子育て中のママ	・小さな子どもを預けられる ・定時で帰れる（残業がない） ・学校にいる間に働ける ・子どもが急病のときに休みやすい	→事業所内保育園併設 →残業ゼロ →短時間勤務OK →ママさんスタッフが多く協力的
成長意欲の高い新卒	・成長できる ・早く出世できる ・チャレンジできる	→新人教育充実 →若手幹部多数 →キャリアパス制度あり

シニア人材	・年齢的に心配 ・長時間勤務は難しい ・ハードな仕事はできない ・生きがいがほしい	→高齢パートがいる →短時間勤務OK →補助業務中心 →感謝される仕事
ベテラン男性	・家庭を守りたい ・ポジションがほしい	→生活手当充実 →幹部コースあり

　もちろん、法人の理念や、施設のコンセプト、こだわりのサービス・ケアなど、**相手が誰であっても通用する**「**入社メリット**」**も**あります。それらに加えて、上記のようなことを訴求してほしいのです。

入社メリットは「武器」となるか？

　しかしながら、**みなさんが訴求する「メリット」が、エリア内の他の法人と比較して、劣っているようではいけません**。それでは、**選んではもらえない**からです。

　ここで事例を紹介しましょう。

　愛知県一宮市に「たんぽぽ介護センター」という会社があります。「日本でいちばん大切にしたい会社」の審査委員会特別賞を受賞している法人で、業界内では、定員275人の巨大なデイサービスを運営していることで知られています。

　最近では、人気テレビ番組の「カンブリア宮殿」にも取り上げられました。同業者の視察が、年間1000人もあるようですから、ご存じの方も多いかもしれません。

　この会社の一番の特長は、**スタッフの９割以上がパート**であることで

す。パート中心とすることで、正社員中心の施設よりも、常時1.2～1.5倍の人員を配置し、質の高いサービスを提供しています。

しかし、パート中心となると、必然的に女性が多いため、ご主人の転勤や出産、子どもの受験などで、退職者が出ることも少なくありません。そのうえ、大規模施設を複数展開していますから、**常に他社の施設の何倍ものスタッフを雇用し続けなくてはならない**のです。

そこで、たんぽぽ介護センターでは、**エリア内で最も女性にとって働きやすい職場**になるために、以下の7項目の実現を目指してきました。

1）全事業所に託児所設置
2）保育料１日500円
3）残業ゼロ
4）休日出勤ゼロ
5）当日欠勤OK
6）新人パート教育制度の充実（入社から５日間）
7）パート表彰制度の充実（受賞者は東京ディズニーリゾート旅行プレゼント）

同社がある一宮市は、介護事業の激戦区として知られる場所ですが、ここまで取り組んでいるため、求人に対して常に求人枠を超える応募があります。

このように、「入社メリット」は競合他社と戦って、勝てるだけの「武器」でなくてはならないのです。

06 「求人チャネル」5つのチェックポイント

「AIDASの法則」を使ってみよう

3原則の最後は「どのように」です。

このテーマでは、**伝え方を工夫することが大事**でした。本章の冒頭に書いたように、採用方法には「これさえやれば」はありません。チャネルを研究し、試行錯誤しながら、勝ちパターンをつくることが大事です。

採用の現場で、よく使われるのが「AIDASの法則」です。

これは、**求職者が入社するまでの心理状態を表現したもの**で、以下の5つのキーワードの頭文字を取ったものです。

求職者が会社選びをするには、そもそもあなたの会社を知らなければ（認知していなければ）なりません。何らかの手段で会社の存在を知って、興味があれば「どんな会社だろう？」とWEBなどで調べるでしょう。「いい会社だな」と思えば、次に、実際に施設を見学したくなります。

特に若い方がそうですが、**ネット上の情報は"盛られている"ことを知って**いるので、自分の目で確かめるまで、選考のステップには進みづらくなっています。

納得するまで調べた結果、「入社したい」と感じることができれば、

そこではじめて選考に申し込みます。

しかし、選考の結果、めでたく内定を受けても、それで終わりではありません。

今は複数の会社から内定をもらうのは当たり前ですから、「この会社でよかった」と感じられなければ、入社には至らないでしょう。

この流れに沿ってさまざまなテーマで工夫（強化）すれば、成果は自ずと上がるはずです。

各段階でのアクションは、以下のようになります。

	求職者の心理状態	アクションプラン（強化する）
Attention	認知する	□ ハローワーク □ 「indeed」などのネット広告 □ インターネット検索（SEO） □ オリコミ □ フリーペーパー等
Interest	興味を持って調べる	□ ホームページ □ 会社案内パンフレット □ 就職ガイダンス
Desire	さらに深く知って「入社したい」と願う	□ 会社説明会 □ 施設見学会 □ インターン

Action	選考を受ける	☐ 面接エントリー ☐ 面接アポイント ☐ 採用面接
Satisfaction	（内定後に）この会社に入社することを満足し、入社を決意する	☐ 内定者フォロー

　あなたの施設が採用で失敗しているのであれば、**まずは5ステップのうちのどこに問題があるかを分析しましょう。**

　仮に、会社（施設）の存在は充分に知られていても、「ホームページ」や「会社案内パンフレット」など、内実を調べるためのツールが不十分であれば、求職者はその次の段階には進んでくれません。

　そもそも、ホームページに求職者向けの情報がほとんど載っていないサイトも数多く存在します。介護事業者で「会社案内パンフレット」を持っているのは、少数派かもしれません。しかしそれは、求職者の立場に立ったら関係ありません。**選択肢から除外するだけのこと**です。

　このケースでは、ホームページやパンフレットのリニューアルをすることが、採用強化には不可欠となります。

07　ホームページの落とし穴

すべてはホームページにつながる

　他業界からすると"今さら感"はありますが、ここ数年で、**介護業界で**

もホームページの重要性が飛躍的に高まっています。試しに、面接に来た方に、ホームページを見たかどうかを確認してみてください。かなりの確率で「見た」と回答するでしょう。

　実際、ある施設で１年かけて調べたところ、応募者31人のうち、年配の３人の方を除いて28人が、スマホやパソコンなどでホームページを見てから面接を受けていました。**全体の９割以上が、ホームページを見ていた**ことになります。
　さらに言うと、28人が求人を知った媒体は、ハローワークや施設看板、オリコミ広告、フリーペーパー、ネット広告でした。
　ホームページは、最初に接した募集チャネルではありません。**別の媒体を見て、最終的にホームページにたどり着いた**というわけです。
　確かに、みなさんが転職活動をするとしたらどうでしょう。気になる広告を見つけたら、すぐに面接予約の電話をするでしょうか。きっとその前に、スマホやパソコンなどで調べて、納得してから電話をするはずです。
　つまり、**すべての募集チャネルがホームページに通じている**のです。

　そうであれば、**オリコミ紙やフリーペーパーで広告を出すときには「ホームページに誘導すること」**を意識して作成しなくてはなりません。
　最低限、以下のような情報を入れておく必要があります。

☐ QRコード
☐ 検索窓
☐ ホームページURL

採用に勝つ！ホームページチェックリスト

仮に、ホームページに誘導することに成功したとしても、**求職者に入社を動機づけるには、ほど遠いサイト**が多いのが現実です。

今までの介護業界は、ホームページを強化せずとも、利用者獲得にも採用にも、それほど困りませんでしたから、対応の遅れは理解できます。しかし、これからはそうはいきません。

よくあるNGが、求人のページに「募集職種」「給与」「待遇」「勤務時間」などの最低限の情報しか掲載されていないものです。

こうした条件面で他社を圧倒できるなら、それでも応募が期待できるかもしれませんが、そうでなければ求職者に選ばれる要素がありません。

トップページに施設外観がドーンと掲載されているのも考えものです。以下の2サイトをご覧ください。

図6-2：ホームページ、2つの例

建物中心 　　　　　　　　　　　　　　人物中心

さて、この2つのホームページのどちらに魅力を感じるでしょうか？

右の人物中心のホームページに魅力を感じた方がほとんどでしょう。

なぜならば、求職者がそこに求めているのは"リアリティ"です。利用者、スタッフ（先輩）、施設内の雰囲気がリアルに感じられるほうに、魅力を感じるのです。

広告の手法に"**人気（ひとけ）は人気（にんき）**"というものがありますが、その通りだと思います。

他にも、採用を強化するために掲載してほしいコンテンツがあります。

まずは、以下のような状態のホームページになっていないか、チェックしてみてください。

- □ **トップページのメイン写真が施設外観**
- □ **掲載されている写真に臨場感**がない（無人の館内や素材集の写真ばかり）
- □ 求人ページに**最低限の募集条件**（待遇）しか掲載されていない
- □ **入社メリット**（他社との違い）がわからない
- □ 代表者からの**メッセージが形式的**である（具体的な言葉に欠ける）
- □ 職員紹介ページ（先輩の声）がない（少ない）
- □ 情報の**更新頻度**が低い（半年以上更新していない）
- □ **教育・研修制度の情報**がない（少ない）
- □ **法人概要・連絡先**が見つけづらい（結構あります！）

しかし、メインサイトにこれだけの情報を追加で掲載するとしたら、ゴチャゴチャします。また、費用もかさむでしょう。

そこで、すぐに着手できる方法として、メインサイトとは別に「求人特設サイト」を新たに開設するようアドバイスしています。

求人に特化した内容だったら、それほどページ数も多くなりませんし、情報が限られていますから、準備にも時間を要しません。

　私がサポートした例でも、超特急で1日でサイトを開設したケースが何度かあります。ぜひ検討してください。

就職したくなる！面接&会社説明会の演出法

2パターンの対応を準備する

　次は、**AIDASの法則**の「**D（さらに知って入社したいと願う）**」です。

　ホームページで調べて興味を持つと、現実はどうか、実際に自分の目で見て確かめたくなります。**この段階では「会社説明会」や「個別見学&相談会」が有効**です。

　いずれもやることは一緒ですが、「**会社説明会」は集団、「個別見学&相談会」は1対1の対応**となります。

　なぜ、2パターンが必要かというと、**異業種からの転職者と同業他社からの転職者では、対応を変える必要がある**からです。

　異業種からの転職の場合、まずは「介護の仕事がどんなものか」を知りたいというニーズがありますから、個別でいろいろと質問するよりも、気軽に参加できる「説明会」を設定したほうがよいでしょう。1対1の対応だと、少々ハードルが高く感じるはずです。

　しかし、同業他社からの転職の場合、説明会に参加して万が一、知り合いにでも会ってしまったら、リスクでしかありません。個別に対応したほうがいいでしょう。

「会社説明会」の実施法

気軽に参加してもらうために、以下の対応をオススメしています。

- ☐ 私服参加OK
- ☐ 当日予約OK
- ☐ 名前だけ予約OK
- ☐ 子ども連れOK（介護業界では当たり前になりつつあります）
- ☐ 履歴書不要

さらに、参加者を逃さないために、説明会当日は、以下のような対応をプロデュースしています。

出迎え	ウェルカムボードを設置し、出迎え
開始前	BGMを流し、ドリンクメニューにより飲み物を選択
挨拶	施設長挨拶
動画	施設の日常がわかる動画
プレゼン①	スライドで「施設概要」「サービスのこだわり」等をプレゼン ※未経験の方のために「介護の仕事の魅力」も語る
施設見学	手短に、施設の良さが最大限わかるように説明
ティータイム	１人ひとりに声をかけて、質問に回答 ※新卒の場合には、先輩となる若手社員が対応
プレゼン②	仕事内容、入社メリット、採用条件を説明
エントリーシート	アンケート方式のエントリーシートに記入

これらを、参加する人数に応じて、複数のスタッフで対応します。
ご覧の通り、**完全に"お客様対応"** です。

これを提案すると「そこまでやる必要があるのか？」と困惑する施設長もいますが、今は「選んでもらう時代」です。やりすぎということはありません。

ただし、「お客様対応＝仕事が楽」と印象づけてしまうと入社後の離職リスクがありますから、「プレゼン①」の「サービスのこだわり」の部分はしっかりと説明しましょう。

また、終了後の対応も重要です。面接アポイントまでに時間をあけると、テンション（入社したい気持ち）が下がってしまうため、**会場で面接日を決めてしまうよう工夫しましょう。**

「個別見学＆相談会」の実施法

個別見学の場合も、1対1で対応する以外は、基本的な流れは同じです。しかし、同業他社からの転職の場合、個人名が特定されることを嫌う方が多いので、ウェルカムボードなどは不要かもしれません。

また、同業種ですから「介護観」や仕事内容については、より具体的な内容が求められると思います。

個別対応の場合には、以下のように対応することをアドバイスしています。

対応者	施設長か現場の役職者 ※現場業務に詳しいスタッフが対応
プレゼン	スライドではなく「アプローチブック」でプレゼン

| FAQ | 経験者だからこそ聞きたい質問には、回答をあらかじめ準備 |

　その後、面接に進むわけですが、**経験者であるがために、プロフィールに惑わされるときもあります**。採用してから後悔しても、後の祭りです。
　そこで、以下のようなステップを経ることをオススメしています。

個別見学＆相談会→施設長面接→お仕事体験→役員面接→内定

　特に、**内定前に「お仕事体験」を行うのは効果的**です。後述の「内定者フォロー」でも説明しますが、現場で仕事を体験してもらうことで、お互いにこの職場がマッチするかを見極めることができます。

"選ばれる"面接の極意

施設長面接のポイント

　説明会、見学会がうまくいけば、きっと選考に進んでくれるでしょう。
　次は**AIDASの法則**で言う「**A（選考を受ける）**」の段階です。これも**買い手市場**（会社が人材を選ぶ）の時代と比べたら、**大きく異なります**。
　特に違うのは、「**落とす面接**」から「**選ばれる面接**」に移っている点です。
　もちろん、選考ですから、ある程度の基準ラインを設けておくべきで

すが、それをクリアした人に確実に入社してもらえるよう、選ばれるための工夫もしておかなくてはいけません。

その意味で、質問攻めにするような面接はタブーです。**「面接はお見合い」**と言われるくらいですから、**お互いの発信する情報は対等でなくてはなりません**。こちらからの情報提供も、充分にする必要があるのです。

多くの企業では、経営トップや役員による面接は、最後に意思確認する程度でしょうから、施設長面接が実質的な最終面接となります。それだけに、とても重要な局面です。

面接の目的や、基本的な流れを整理すると、次のようになります。

面接の目的	1）会社の「本来の姿」を伝える ▶説明会では、どうしても会社の良い部分しか伝えられないため、仕事内容や企業文化などに関する求職者の誤った印象を正したり、他社と比べて劣る部分も含めて伝えることで、入社後のミスマッチを防ぐ 2）求職者の人物像を知る ▶施設の選考基準を明確にし、それに合致するかどうかを、さまざまな質問を投げかけることで評価する ▶質問に対する回答やそのときの評定で、能力、人間性、意欲などを見極める 3）説得する ▶売り手市場（求職者が会社を選ぶ時代）だからこそ、優秀な求職者に選んでもらえるよう説得するのも、面接の目的である

面接の手順	1）アイスブレイク ▶緊張して本来の姿が評価できない場合もあるため、話しやすい雰囲気づくりをする。飲み物だけでなく、お茶菓子などを出し、食べながら面接を進める会社もある 2）プロフィールに関する質問 ▶履歴書の内容を確認するような質問を投げかける 3）会社に関するプレゼン ▶説明会の内容を簡単におさらいし、さらに、会社として今後目指すことや、入社した後に期待することを説明する ▶良いことばかりでなく、他社と比較して劣る部分や大変な部分も含めて話すと、その後の質問がしやすくなる 4）仕事に関する質問 ▶その人物をトータルで評価できるように、あらかじめさまざまな質問を準備しておく 5）質疑応答 ▶求職者からの質問を受ける。質問内容や、回答に対する反応も、選考の材料となる 6）今後のスケジュールの確認 ▶選考結果の通知方法や、その後のステップを説明する

　また、面接では、求職者のダメな部分に目がいきがちですが、「**長所**」**を探すことも目的の1つ**です。私自身も、これまで数百人の面接をしてきましたが、後々になって考えると、あらゆる点で基準をクリアした人物よりも、多少心配な点があっても「彼は、ここが優れているな」と思えた人物のほうが活躍しています。

"人柄"がわかる3つのクエスチョン

面接で最も知りたいことは、**キャラクターや仕事への熱意、成長意欲も含めて"人柄"**でしょう。

聞くべきことはたくさんありますが、次の3つの質問は、ぜひ投げかけてほしいと思います。

①「友人は、あなたのことを、どのような人物であると評価していますか？　エピソードも交えて教えてください」

中途採用の場合は、これまでの職場の上司や同僚が、どのように評価しているかを聞くとよいでしょう。

この質問により、求職者の普段の姿が見えてきます。

②「この会社に入って、実現したいことはなんですか？　また、そのために努力していることがあれば教えてください」

これは、成長意欲を見極めるための質問です。

目標の有無や、それに対する準備をこの質問によって引き出すことができます。また、会社や施設のことを事前にどこまで調べているかもわかりますから、入社に対する熱意も判断できます。

③「仕事をするうえで、あなたの長所と、改善したいと思っている短所を1つずつ教えてください。また、短所は今後、どのように克服していきますか？」

1つ目の質問に近い問いかけですが「仕事をするうえで」と最初につけることで、場面を特定できます。自分のことを客観視できているか、それに対処しようとしているかを評価できるのです。
　また、これらの3つの質問に限らず、あらゆる回答に対して「具体的に言うとなんですか？」と深掘りしていくと、人物像がよりはっきりしてきます。

内定辞退の回避策

内定辞退が当たり前の時代に

　最近、内定辞退が激増しています。新卒に限らず、中途採用の辞退も増加傾向です。採用するみなさんとしては、決まった後に断られると、本当にがっかりしてしまいますが、それだけ「売り手市場」になっているということでしょう。
　内定を複数社からもらうのは当たり前ですから、AIDASの法則で言うSの段階に至るまで、つまり「自分にぴったりだ」と心から感じられるまで、求職者は仕事探しを続けるのです。

　しかし、辞退を見込んで多めに内定を出しておくことも難しいのが現実です。1人に内定を出したら、その分、誰かに「不採用」を伝えているはずです。辞退が出たからといって、不採用者を呼び戻すことはできません。また振り出しです。
　そこまでかけた「時間」「コスト」「手間」を、また最初からかけなくてはならないのです。

辞退をゼロにするのは、なかなか難しい時代ですが、最小限には抑えたいものです。

なぜ辞退するのか？

もしあなたの施設で、内定辞退が多い場合には以下の点を見直してみましょう。

① 不信感

広告等で見た採用条件と、内定時に示された条件が違うという話は、よく聞きます。それがあると「この先、大丈夫だろうか？」と不信感を持つのは当然です。

これは、広告担当者と、最終面接を行う施設長や幹部との情報共有ができていない場合でも起こります。双方の出す情報が異なるのです。

また、人事担当者が、内定を出した途端に他の学生や求職者に意識が移り、**フォローが不足するケース**も不信感につながります。

他にも、内定の出し方を間違うパターンもあります。例えば、文章だけで通知すると、「軽んじられている」という印象を与えますし、面接後、内定を出すのが遅すぎると、「他の人が辞退したから、自分に回ってきたのではないか」という気持ちにもなります。

「不信感」の原因の多くは、対応可能なことが多いのです。すぐに改善しましょう。

② 不安感

今の介護業界は、残念ながら「不人気職種」です。

そのため、特に学生などは、両親、友人から反対されることも少なくありません。

内定をもらったときは気持ちが盛り上がっているのですが、その後に期間があくと、そうした声で不安が大きくなり、他社（他業界）に気持ちが向いていきます。内定者とのコミュニケーションは、適度に継続しなければなりません。

　また、最終面接をした面接官の質問や態度が、不安感を募らせる原因になることもあります。

　例えば、理事長や社長が「うちは厳しいけどやっていけるの？」といったような圧迫質問をあびせかけると、「自分は本当に、この業界（会社）でやっていけるのだろうか」「この社長の下で、頑張れるのだろうか」と不安になります。

　理事長、社長の面接では、最後に、会社の明るい未来や、その求職者に対する評価、そして期待感を伝えることを忘れてはいけません。

③ 競合負け

　不信、不安以外の理由で、他の会社を選ぶケースです。中途採用の場合には、現勤務先からの慰留（いりゅう）もあるでしょう。要は、他社のほうが魅力的だったということです。

　この場合には、辞退者に質問をして、しっかりとその原因を突き止めましょう。

　「給与が安い」「休みが少ない」「忙しそう」「仕事（サービス）内容が想像と違った」など、いろいろと出てくると思います。その結果は真摯に受け止め、改善できる点は改善していきましょう。

内定辞退を回避する7つの方法

　内定辞退を回避するには、いくつかやり方があります。ここでは**新卒採用に効く7つの方法**を紹介します。中途採用の場合には、①〜③をル

ール化するとよいでしょう。

① 内定者フォロー戦略の立案

まずは辞退が出ないように、内定を出した瞬間から入社当日まで、いつ、どんなフォローをするかを決め、それを確実に実行することが大事です。

② お仕事体験

私はクライアントに、内定を出す前に「お仕事体験」をしてもらうようアドバイスしています。これは、学生だけではなく中途採用の求職者にも効果的です。

現場で体験をしてもらうことで、求職者は会社の雰囲気や仕事内容をリアルに知ることができますし、会社側は本当にその人を採用してよいか、笑顔、コミュニケーション力、言葉遣い、気遣いなどを観察することができます。

「インターン」というほど大げさにしなくとも、数時間だけでも構わないので、時給を払って働いてもらいましょう。

その際、ただ業務をこなすのではなく、「受け入れ→ブリーフィング→担当者紹介→体験1→体験2→質疑応答→まとめ」のように、お互いが理解できる"理想的な流れ"をつくっておいたほうがよいでしょう。

③ 内定面接

内定を文章だけで通知することは、オススメしません。できるかぎり顔を合わせて、「選考理由（どうして入社してほしいか）」「期待感（どんな人物に成長してほしいか）」「環境（そのために、会社はどんな環境をつくれるか）」を伝えるべきです。

また、このタイミングで、求職者が不安に思っていることを取り除いておきましょう。

④ 先輩との交流会

内定を出したら「交流会」などを催します。先輩との関係づくり（仲良くなる）により、入社の心理的ハードルを下げるのと、社員の立場で会社の魅力を語らせて、入社へのモチベーションを高めるのが狙いです。

このとき、既存社員の中から誰を選ぶかも大事です。"先輩"が、会社に対して不満を持っている人物では逆効果です。

ロイヤリティが高く、コミュニケーション力が高い社員を選び、交流会の前に、しっかりとミッションを与えましょう。

⑤ 内定者親睦会

親睦会を実施して横のつながりをつくると、お互いに励まし合う関係が生まれ、辞退を考えていた内定者をつなぎとめることもできます。

最近では、LINEグループをつくって、日々、情報交換し合うケースも少なくありません。ただし、LINEなどでつながることは、複数での辞退を誘発するリスクもありますので、注意が必要です。

⑥ 入社前研修

この段階の研修は、業務に直結しなくても構いません。社会人となる視点を養ったり、サービス業がどんなものであるかを体感するようなものでもよいでしょう。

東京の江戸川区にあるアゼリーグループ（社会福祉法人江寿会）では「銀ぶら研修」を実施しています。銀座をぶらぶらし、高級感あふれる

カフェでお茶をして"おもてなし"の何たるかを学びます。

　銀座の街を散策する中で、学生では得られない貴重な体験をして、介護サービスへの活かし方を学生同士で考えるのです。先輩と1日いることで、コミュニケーションの時間はたっぷり取れますし、とても素晴らしい入社前研修だと思います。

⑦ 入社式

　入社するときの新人の気持ちは、きっと期待と緊張で胸がいっぱいでしょう。入社初日というのは、学生から社会人になる、人生においてとても重要な場面です。また、転職時には入社式などありませんから、人生で1度だけの入社式です。

　にもかかわらず、大した儀式もなく初日が終わったら、拍子抜けすると思います。新人が社会人としての覚悟を持てるよう、簡易的なものでも実施すべきです。

　私のクライアントでは、新人にサプライズでご両親からの手紙が手渡されたり、利用者（お年寄り）が入社式に参加して、社会人になるうえでの心構えをスピーチするなど、ユニークなものもあります。

　このような例を参考にしながら、みなさんの会社らしい入社式を実施しましょう。

　しかしながら、最近は入社即退職ということも珍しくありません。ある転職サイトの方の話では、登録が最も多いのは、入社して3カ月以内だそうです。

　転職サイトもますます充実していて、比較的簡単に登録できますから、無事に入社しても定着するまでは気が抜けないということも、付け加えておきたいと思います。

第7章

未来をつくる働き方

01　AI化後の未来

　オックスフォード大学のマイケル・オズボーン准教授が2013年に発表した「雇用の未来」というレポートがあります。702職種について、10年後に消える可能性を数字で表したレポートです。

　これによると、小売店の販売員、バス・タクシーなどの運転手、一般事務の仕事は、かなり高い確率で消えるとなっています。実際、スーパーなどでは「セルフレジ」が当たり前となっています。
　また、日産自動車は「2020年までには自動運転を普及させる」と言っています。Uberの自動運転車による死亡事故は、自動運転の開発にブレーキをかけるのではないかと言われていましたが、今のところは、それに規制をかける動きはありません。
　日本の法規制は新しいものには後ろ向きですから、欧米にかなり遅れを取ると思いますが、それでもドライバーの仕事は消えていくでしょう。
　それだけでなく、今まではエリートと呼ばれてきた銀行の融資係や弁護士助手、会計士などの仕事も、消える可能性が高いとあります。2017年にメガバンク3行では、10年間で合わせて3万人もの社員を削減することを発表しました。三菱UFJ銀行では、無人店舗の研究が進められているそうです。

　野村総研の分析によれば、**10年〜20年以内に、49％の人が"今の仕事"を失う**と推測されるそうです。IoT化（モノのインターネット化）や、AI（人工知能）の普及は、第4次産業革命とも呼ばれています。私たち

の仕事や生活に、とてつもなく大きな影響をもたらすことは間違いありません。

　人がする仕事は、次々に機械に置き換えられていきます。そして、少子化による人手不足は、そのスピードを加速させると言われています。「大失職時代」の到来です。

02　「介護」の仕事はなくならない！

　こうなると、私たちの仕事がどうなるのかが、不安なところです。
　オズボーン准教授のレポートには「介護職」というのはありませんが、「**医者**」「**看護師**」「**ソーシャルワーカー**」「**リハビリ職**」などは、**生き残る可能性が高い**とあります。
　患者のケアは、身体的なことに限りません。信頼感や安心感も必要ですし、精神的なことがとても重要となります。AIやIoTの進歩によって、遠隔治療や健康管理などは進められていくでしょうが、AIには今のところは"心"はありませんから、肝心の場面では"手当て"が欠かせないということです。

　介護も同じです。私たちのお客様は、要介護状態にあって精神的なサポートを必要としています。認知症を患って、その不安感やうつ、無気力から、周辺症状が強く出る方もいます。終末期の方もいますから、心のケアが不可欠なのです。
　厚生労働省のいう「科学的介護」が目指す通り、記録は自動化され、計画書の作成はAI化されていくでしょう。腰痛の原因となるようなトランス、移乗、入浴介助などの身体介助は、リフトやロボットの発展に

より機械化されていくかもしれません。

　また、介護職が不人気になる象徴のように言われているトイレ介助、排泄介助も、優れた機器が開発されるかもしれません。きっと、介護の仕事における負担感は、今をピークにして大幅に軽減されていくでしょう。

　しかし、独居で寂しさを感じているお年寄りと、日常的にコミュニケーションを取れるロボットが開発されたとしても、笑顔で声をかけ、不安や悩みに共感し、一緒に解決策を探す仕事は、マンガの「ドラえもん」や「鉄腕アトム」レベルのロボットでも開発されない限り、置き換わることはないでしょう。

　私は、**福祉の仕事は「幸せ探し」**だと思っています。
　お年寄りや障害者に対しては、その人が障害とともに生きるうえで、どう暮らしていくのが幸せか。子どもに対しては、どのような保育、教育を提供して未来を築くのが幸せか。**1人ひとりの幸せに思いを馳せ、サポートしていく仕事**です。
　お年寄りや障害者、子どもは、私たちのように「こうしてほしい」「こうなりたい」と明確に、具体的に意思表示できる人ばかりではありません。福祉的に言えば「ニーズ」や「デマンド」を想像することは、私たちの重要な役割です。それこそがまさに「幸せ探し」だと思うのです。
　少なくとも、私が生きている間には、「幸せ探し」ができるロボットは完成しないのではないかと思います。だから、介護の仕事、福祉の仕事が消えてなくなることはない。そう考えているのです。

絶対に代替できない役割とは?

　しかし、「介護の仕事が消えない」と言っても、手放しに喜んではいられません。何しろ、今の仕事の半分が消えるくらいですから、介護の仕事に影響がないわけではありません。

　現在は専門性が高くなければできないケアマネ、相談員、リハ職による「アセスメント」「モニタリング」「計画書作成」などの業務は、「科学的介護」によって機械化されていくでしょう。

　ではいったい、どのような役割が残るでしょうか？　私は、以下のようなテーマは、今後、ますます重要になってくると考えています。

① 認知症ケア

　認知症については、いまだ、決定打となるような治療法が見つかっていません。裏を返せば、**ケアについてルール化できていないため、機械化されづらい**ということになります。

　しかし、治療法がないからといって、緩和、改善ができないかというと、そうではありません。

「ひもときシート」などを活用して解決のヒントを探ることもできますし、回想法、音楽療法などの緩和手段もあります。バリデーションやユマニチュードなどのケアメソッドも効果的と言われています。こうしたノウハウを身につければ、現場でできることはたくさんあります。

② ターミナルケア

　これからは、施設や自宅で看取る時代です。ご本人にとってだけでなく、家族にとってのQOD（質の高い死）を実現するためにも、ターミナ

ルケアの専門性は今後ますます重要視されていくでしょう。

③ 目標設定

　要介護者の中には、ADL（日常生活動作。入浴、食事などの動作のこと）、IADL（手段的日常生活動作。電話、買い物、食事の準備など、ADLより複雑な活動のこと）の低下によって、目標や生きがいを失っている人もいます。どうなりたいかに思いを馳せ、一緒に「幸せ探し」をし、短期的・中期的な目標を設定するのは、介護職の重要な役割です。

④ 活動と参加の動機づけ

　機械がいくら進化しても、人を「その気にさせる」ことはできません。目標に向けて、日常的な活動と、家庭や社会への参加を促（うなが）すためには、介護職による日頃からの細やかなコミュニケーションが不可欠です。

⑤ 家族との関係づくり

　介護の仕事の１つに、家族との関係修復があります。特養などの入所施設では、家族による面会がまったくない入居者も少なくありません。何らかの理由で、疎遠になってしまったのです。

　そんなときに、施設長や相談員、ケアマネが間に入って、関係を取り持つこともあります。

　ある施設では、終末期に入った女性入居者の息子さんに、施設長が手紙を書き、あきらめることなく電話をし続けました。その結果、亡くなる直前ではありましたが、20年ぶりに孫ともども再会することができたということもありました。これも、介護職の重要な役割の１つです。

この５つ以外にも、**施設をマネジメントする業務は、機械に代替できない**と推測します。AI化、自動化することで生産性が上がったとしても、現場を完全に機械化することはできません。
　今ほどではないにしても、将来も介護現場が労働集約型であることには変わりはないでしょう。
　人を、そして組織を管理し、施設を理想的な状態にしていく施設長業務ができる人は、これから貴重な存在になるかもしれません。

200時間の法則

　機械化、AI化が介護の現場に広く浸透するまでには、まだあと数年あります。その間にあなたがしなければいけないことは、前述のようなテーマをとことん勉強し、なくてはならない人物へと成長することです。
　"とことん勉強"などと聞くと、さっと顔がくもる人もいるでしょう。
　『天才！ 成功する人々の法則』（講談社）でマルコム・グラッドウェル氏が提唱した「１万時間の法則」はよく知られています。誰でも、そのテーマの勉強に１万時間を費やしたら、一流の専門家になれるというものです。
　１万時間ということは、１日１時間勉強したとしても１万日かかることになります。30年近く必要です。１日７時間くらい勉強すれば４年で済みますが、学生でもない限り、こんなに時間を費やすことは不可能でしょう。

　しかし、安心してください。私は部下や後輩に「**200時間の法則**」を

提唱しています。**どんなテーマでも、200時間、それだけに集中して勉強したら、「専門家」と呼べるレベルになれる**と思っています。

　例えば、認知症についての本を読むとしたら、1冊に2時間かかったとして100冊読むことができます。4時間のセミナーだったら、50講座出ることができます。

　それくらい勉強すれば、ちょっとした勉強会やセミナーで講師ができるくらいにはなるでしょう。「一流」とまではいきませんが、AI化がすすんでも、貴重な存在であり続けることはできそうです。

「経営」を身につけるとしたら、本を50冊読んで、セミナーに25回参加すれば、200時間達成です。できそうな気がしませんか？

　ポイントは"しぼる"ことです。あれこれと手を出すのではなく、短期集中で1つのテーマにしぼる。これが重要です。

　限られたテーマの情報をシャワーのように浴びることで、その方面の知識が飛躍的に増え、脳が活性化されるのです。

　しかし、**「200時間でもつらい」という人**もいるでしょう。そんなあなたは**"自分へのご褒美(ほうび)"を検討しましょう。**

　手帳に200個のマスを書き、1時間勉強するたびに、それを塗りつぶしていくのです。そして、25時間ごと、50時間ごとに"チェックポイント"を決めて、そこを通過したら"ご褒美"を与えます。こうして楽しみを見つけながら勉強するのも、挫折せずに継続するコツです。

 ## だから福祉は面白い！

　私には、夢があります。それは**日本の介護、そして福祉の力、ノウハ**

ウが、もっともっといろいろな分野に生かされ、要介護者、障害者の生活がガラリと変わる未来をつくることです。

そのためには、**他分野との掛け算の発想**が必要だと思っています。

例えば、「障害者」に「婚活」をかけ合わせて、障害者同士の結婚のサポートをすべく頑張っている人たちがいます。「介護」に「職業紹介」をかけ合わせ、要介護状態になってもできる仕事を、高齢者に紹介する事業に取り組んでいる会社もあります。さらには、「介護」に「アダルトグッズ」をかけ合わせて、高齢者の性の問題に真剣に取り組んでいる団体もあります。

こうして、今までになかった商品やサービスが"掛け算の発想"によって生まれ、高齢者や障害者の生活は、より豊かなものになっていくのです。

それと同時に、きっと介護士の社会的ポジションも高まっていくでしょう。各業界から引っ張りだこになるはずです。

私がチャレンジしているテーマの1つに、「介護旅行」があります。文字通り、「介護」に「旅行」をかけ合わせたものです。

現時点では、まだ「介護付き旅行」「サポート付き旅行」は、メジャーにはなっていません。私が旅行会社に勤めていた20年も前から、大手旅行会社では「バリアフリーデスク」などを設けて、この分野における市場開拓にチャレンジしてきました。

しかし、旅行代金があまりにも高かったり、ホテルや旅館が要介護者の宿泊に積極的でないなどの理由で、あまり普及していないのが現状です。

そして、原因はもう1つあると思っています。それは、お年寄りや障

害者の身体的状況、気持ちや生活環境がわからない人たちが、介護旅行の企画に携わっていることです。

　私は「介護旅行の普及」というライフワークを実現するために、10年ほど前から要介護者の旅行を企画し、同行しています。すでに20回を超えました。要介護4、5の方を、台湾や沖縄までお連れしたこともあります。「一生、旅行などできないと思っていた」と、帰り着いた瞬間に泣いて喜ぶ方もいます。

　この活動を通して、"介護旅行が専門"という旅行マンと何度もミーティングをしてきましたが、**どんなに説明しても理解してもらえない"溝"**があります。それはおそらく、埋められない溝なのです。だからこそ、これからは旅行に限らず、**いろいろな分野で私たちの経験を、専門性を、そして想像力を活かせるのではないか**と思うのです。

　こう考えると、私たちの仕事は、夢にあふれていると思いませんか？実は、介護の仕事は、あらゆる職種の中でも抜群に面白い仕事なのかもしれません。

　施設長としてのあなたには、**スタッフたちに対して、こうした夢を語り、活躍のフィールドをつくる役割**もあるはずです。5年後、10年後には、いろいろな分野で介護職が活躍している未来を、一緒に築いていきましょう。

あとがき

「こんなにたくさんのことを、同時にはできない」
　この本を読み終わったとき、あなたはこんな印象を持つかもしれません。

　それはそうでしょう。この本では、少なくとも70近いメソッドをお伝えしています。明日から、すべてを変えようなどと、考える必要はありません。壁にぶつかったときや「苦手だな」「難しいな」と感じたときに、その部分を開いて解決のヒントにすればよいのです。

　それに、あなた流の解釈で、あなたに合った方法で実践することをオススメします。例えば第1章では、「クラウンに乗りなさい」などと冒険的なことも書いていますが、女性がそれを実践してクラウンに乗って出社したら、みんな驚くかもしれません。"自分流"で良いのです。

　大事なことは、どんな小さな行動でもいいから、始めてみることです。一歩前に踏み出すことです。そうすれば、少し違った世界が見えてきます。施設長、リーダーとしての"コツ"をつかんだら、この責任ある役割が、面白くてたまらなくなるかもしれません。

　実際に、私が出会う施設長の中には、「本当に施設長をやらせてもらってよかった」「リーダーになったら、仕事が楽しい」と語る方がたくさんいます。みなさんにも、そんなふうに感じてほしい。
　それが私の願いです。

そしてもう1つ、大事なことをお伝えしなくてはなりません。

施設長やリーダーをしていると「辞めたい」と思うときが必ずあります。この本の通りにやったとしても、うまくいかないこともある。失敗だってあるのですから、「自分には無理じゃないか」と悩むのは、不思議なことではありません。

そんなときに、あなたの気持ちを理解し、解決策を与えてくれるのは、同じポジションで頑張っている仲間です。施設長同士、リーダー同士でしか、わかり合えないこともあります。できれば社外で、あなたのように悩み、孤軍奮闘する「仲間」を見つけてください。

私が主催する「介護サービス経営カレッジ」は、そんな「仲間」を見つけるための場でもあります。もし、あなたのまわりで、励まし合える存在と出会うことができなければ、ぜひこの会を利用してほしいと思います。きっと、今までにない貴重な経験ができるはずです。

最後に、この本は私ひとりで書き上げたものではありません。ヒントを与えてくれた優れた施設長、キラキラと輝くリーダーたち。そして、この本ができるまで2年にわたり支援してくださったアトミックの鮫島さん、沖津さん、常に鋭い視点で構成を考え、短期間でこんなに素敵な本に仕上げてくださったPHPの中村編集長。みなさんがいなかったらこの本が発刊されることはありませんでした。ありがとうございました。

そして、最後までお読みくださった読者のみなさまに、心より感謝いたします。

糠谷和弘

〈著者略歴〉
糠谷和弘（ぬかや・かずひろ）

株式会社スターコンサルティンググループ代表取締役。経営コンサルタント。地域一番化プロデューサー。1971年生まれ。東京都出身。介護保険施行当初から活躍する介護経営コンサルタントの草分け的存在。実績は450社を超え、"日本一"と呼ばれる事例を多数つくってきた。現場指導のかたわら年間50本以上の講演もこなす。厚生労働省等の調査研究事業で委員も務めており、それらの活動はテレビ、新聞、雑誌、ラジオなどにも多数取り上げられている。
著書に、『ディズニー流！ みんなを幸せにする「最高のスタッフ」の育て方』『あの介護施設には、なぜ人が集まるのか(編著)』『あの介護施設はなぜ、地域一番人気になったのか!!(共著)』（すべてPHP研究所）がある。

やさしくわかる！ すぐに使える！
「介護施設長＆リーダー」の教科書

2018年10月2日　第1版第1刷発行
2023年4月20日　第1版第5刷発行

著　者　　糠　谷　和　弘
発行者　　永　田　貴　之
発行所　　株式会社ＰＨＰ研究所
東京本部　〒135-8137　江東区豊洲5-6-52
　　　　　　　　　　　ビジネス・教養出版部　☎03-3520-9619(編集)
　　　　　　　　　　　　　　　　　普及部　☎03-3520-9630(販売)
京都本部　〒601-8411　京都市南区西九条北ノ内町11
PHP INTERFACE　https://www.php.co.jp/

組　版　　株式会社PHPエディターズ・グループ
印刷所　　大日本印刷株式会社
製本所　　株式会社大進堂

© Kazuhiro Nukaya 2018 Printed in Japan　　ISBN978-4-569-84136-6
※本書の無断複製（コピー・スキャン・デジタル化等）は著作権法で認められた場合を除き、禁じられています。また、本書を代行業者等に依頼してスキャンやデジタル化することは、いかなる場合でも認められておりません。
※落丁・乱丁本の場合は弊社制作管理部（☎03-3520-9626）へご連絡下さい。送料弊社負担にてお取り替えいたします。

PHPの本

道をひらく

松下幸之助 著

運命を切りひらくために。日々を新鮮な心で迎えるために——。人生への深い洞察をもとに綴った短編随筆集。40年以上にわたって読み継がれる、発行520万部超のロングセラー。

定価 本体八七〇円（税別）

PHPの木

経営者になるためのノート

柳井 正 著

柳井正が語る仕事に必要な4つの力とは？ ユニクロ幹部社員が使う門外不出のノート。欄外に気づきを書き込めば、自分だけの一冊に。

定価 本体一、二〇四円
（税別）

PHPの本

あの介護施設はなぜ、地域一番人気になったのか!!

「想い」と「経営力」で進化する17法人

糠谷和弘／齋藤直路 編著

全国の「地域一番人気」といわれる介護施設を徹底取材し、独自のサービス、介護士たちの努力や創意工夫、経営戦略などを明らかにする。

定価 本体一、五〇〇円（税別）